Berlin
Mit Vergnügen

BERLIN FÜR ALLE
LEBENSLAGEN

Vorwort

Es war ein Sonntag. Ich konnte mich nicht daran erinnern, wann es zuletzt in Berlin geregnet –, wann es überhaupt einen nicht absolut fantastischen Tag gegeben hatte. Ich stand mit einem Freund auf der kleinen Friedrichsbrücke auf der Museumsinsel. Nur wenige Menschen waren an diesem Morgen unterwegs. Ich schaute mich um, sah den Fernsehturm, Pflastersteine, den Spreekanal, Zigarettenstummel; hörte eine Fahrradklingel, die Kapitänsansage eines Dampfers und mich selbst staunen: „In was für einer schönen Stadt wir doch leben."

Ich wohne seit zwanzig Jahren in Berlin. Damals bin ich hergekommen, weil hier alles geht. Heute ist das noch immer der Grund, aus dem ich hier lebe. 2010 habe ich mit meinem Freund Pierre Türkowsky Mit Vergnügen gegründet. Ursprünglich ein SMS-Verteiler mit Wochenendtipps und jetzt ein Onlinemagazin mit monatlich über einer Million Leser*innen. Wir empfehlen alles, was uns persönlich begeistert. Das kann eine wilde Party am Stadtrand sein, ein Vintage-Store in Neukölln oder ein Hinterhofcafé in Mitte. Wir wollen dein*e Freund*in in der Großstadt sein und für alle Lebenslagen einen Tipp parat haben.

Dieses Buch ist eine Mischung aus Schatztruhe und Erste-Hilfe-(Berlin)-Koffer. Unsere Autorinnen Wiebke Jann und Daliah Hoffmann-Konieczka haben alle Tipps auf unserer Website gescannt. Sie haben rausgeschrieben, rausgestrichen, sind noch mal an die Orte gefahren, um wirklich sicher zu sein, dass dieser Tipp es wert ist, in unserem Buch zu landen.

Die erste Auflage erschien 2019. Wir wussten damals schon, dass wir es immer wieder aktualisieren müssen, weil sich in Berlin wirklich alles so schnell ändert. Eine globale Pandemie hat das Tempo jedoch gefühlt verzehnfacht. Lieblingsläden mussten schließen, neue sind dazugekommen und unsere Gewohnheiten haben sich verändert. Wir haben gelernt, dass man eine unvergessliche Nacht nicht nur im Club haben kann, dass „vegan sein" nicht nur Trend ist und dass zu Berliner Lebenslagen unbedingt noch mehr Ausflüge gehören. All das spiegelt sich in dieser Neuauflage wider, in der nun viel mehr neu ist, als wir angenommen haben. Es ist noch immer ein Buch für unsere Freund*innen – für alte, neue und zukünftige Freund*innen. Für Freund*innen, die hier leben, und für Freund*innen, die erst einmal zu Besuch sind.

Im allerbesten Fall stehst du jetzt irgendwo in Berlin mit einem*r Freund*in und du siehst den Fernsehturm, die Spree, Pflastersteine und Zigarettenkippen. Du greifst in deine Tasche, ziehst dieses Buch heraus, und ihr findet darin etwas, das ihr jetzt unternehmen könnt.

Ich wünsche dir einen wunderschönen Tag!
Matze Hielscher & die vergnügte Gang

Die Kapitel

Food
Stil
Erlebnis
Ausgehen
Kieztour
Ausflug

Wie dieses Buch funktioniert

Berlin zu erleben bedeutet für uns nicht, von der Museumsinsel über Unter den Linden zum Brandenburger Tor zu flanieren, nur um alle vermeintlich wichtigen Sehenswürdigkeiten abzuhaken.

Berlin ist für uns nicht nur die schönste Stadt der Welt, sondern auch die facettenreichste und natürlich viel zu divers, als dass wir es in nur einem Buch festhalten könnten. Wir wollen dir in diesem Buch deshalb unser Berlin zeigen, wie wir es erleben, in allen Lebenslagen.

Wir wollen dein*e Freund*in in der Großstadt sein, der*die dir verrät, wo du am besten mit deinen Eltern essen gehen, deinen Liebeskummer wegtrinken, trotz Dispo shoppen gehen kannst und was du in Berlin immer noch unternehmen kannst, wenn eigentlich gar nichts mehr geht.

Deswegen wirst du in diesem Buch keine Liste mit Dingen finden, die du unbedingt in Mitte erleben musst, sondern nützliche Tipps zu jeder Lebenslage – in unseren fünf Kapiteln Food, Stil, Erlebnis, Ausgehen und Ausflug.

Weil Berlin ohne seine Kiezkultur aber nicht dasselbe wäre, zeigen wir dir in unseren Kieztouren unsere Lieblingskieze mit all ihren Facetten und hoffen, dass du sie genauso lieben wirst wie wir.

Food

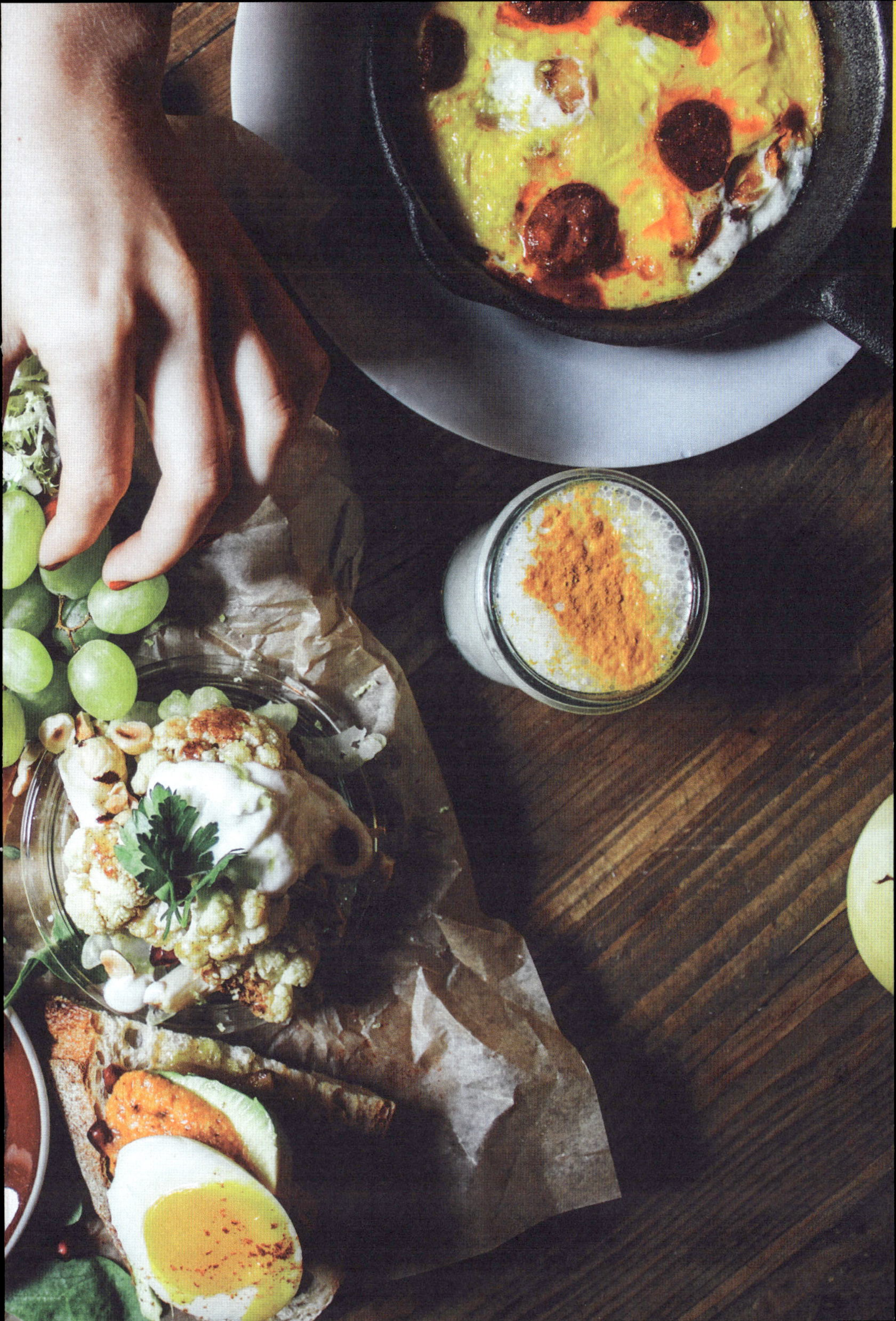

Stilvoll frühstücken

Wir mögen improvisiertes Interieur, einfache Stullen, Rührei oder Banana Bread in unserem Stammcafé ums Eck – solides Understatement ist auch am Frühstückstisch ein gern gesehener Gast. Manchmal wollen wir aber mehr. Dann wollen wir Marmortische und Kronleuchter, Lobster Eggs Benedict, künstlerisch anmutende Pancake-Türme oder Lachstatar, Breakfast Drinks und eine Flasche Crémant. Man muss die Feste feiern, wie sie fallen, und das kann eben auch an einem schönen Morgen sein.

An diesen Tagen zelebrieren wir den Sonntag oder den Morgen und frühstücken kaiserlich. Dass man frühstücken soll wie ein Kaiser, hat ja schließlich schon unsere Oma gesagt, und Oma hat immer recht.

21 Gramm

Leckere Frühstücksbleche in einer ehemaligen Friedhofskapelle

Neukölln
Hermannstraße 179, 12049 Berlin

Das 21 Gramm – wer sich an Alejandro González Iñárritus gleichnamigen Film erinnert, weiß, was der Name bedeutet – befindet sich in ehemaligen Friedhofsgemäuern in Neukölln an der Leinestraße und serviert in einer unglaublich schönen Atmosphäre drinnen und auf der Terrasse große Frühstücksplatten, auf denen du alles findest, was dein Herz begehrt: viel Brot, deftigen Käse und Wurst und frische Eier.

Daneben gibt es aber auch Buttermilchpancakes, veganes Sauerteigbrot mit geräucherter Aubergine, eingelegtem Rettich und gegrillten Frühlingszwiebeln oder einen saftigen Breakfast Burger mit geräuchertem Kasseler, Kartoffelrösti und pochiertem Ei. Unsere Empfehlung: Bestell dir auch noch einen leckeren Breakfast Drink dazu.

@21gramm_berlin
www.21gramm.berlin

Benedict

Rund um die Uhr Pancakes, Shakshuka und andere israelische Köstlichkeiten

Wilmersdorf
Uhlandstraße 49, 10719 Berlin

In Wilmersdorf hat die erste internationale Filiale der israelischen Restaurantkette Benedict Breakfast eröffnet und damit in Berlin ein wahres Frühstücksmekka geschaffen – was anderes gibt's hier nämlich den ganzen Tag nicht.

Neben Klassikern wie French Toast, Bagels oder frisch gepressten Säften dürfen natürlich auch die berühmten Eggs Benedict und israelische Spezialitäten wie Shakshuka nicht fehlen. Dream come true!

@benedictberlin
www.benedict-breakfast.de

Tipp

Das Benedict hat durchgehend geöffnet. Die Plätze sind trotzdem rar, sei also früh oder eben sehr spät da.

11

Betty'n Caty

Spätaufsteher*innen-Frühstück bis 18 Uhr und ein Kuchenbuffet zum Reinlegen

Prenzlauer Berg
Knaackstraße 26, 10405 Berlin

Das Café der Freundinnen Betty und Caty gehört zu den hübschesten Cafés der Stadt. Hier bekommst du bis 18 Uhr Frühstück: Kakao mit Marshmallows. Crumble mit Beeren und Sahne. Toasties mit Käse. Porridge mit Nüssen. Avocadobrot mit pochiertem Ei. Die Liste der Köstlichkeiten bei Betty'n Caty ist lang. An Wochenenden unbedingt vorher anrufen und reservieren, denn es ist immer rappelvoll.

bettyncaty
www.bettyncaty.com

Frühstück 3000

Im Frühstücksolymp frisch gemixte Breakfast Cocktails und Lobster Eggs Benedict genießen

Schöneberg
Bülowstraße 101, 10783 Berlin

Früher zählte das Frühstück 3000 zu den beliebtesten Pop-ups der Stadt, inzwischen müssen wir aber nie wieder auf das leckere Frühstück verzichten, denn in Schöneberg hat der Frühstücksolymp einen dauerhaften Platz gefunden. Serviert werden neben fantastischen Breakfast Drinks (wir empfehlen die Mimosa, die Breakfast Margarita mit Mandarinentequila und für später den hausgemachten Eierlikör) gehobene Frühstücksspezialitäten.

Von Scotch Eggs über Burrata-Rührei und Lobster Eggs Benedict reicht die Karte auch bis zu veganem Birchermüsli, Banana Bread, French Toast und optional veganen Erbsenkrapfen. Besser als hier kannst du eigentlich nicht in den Sonntag starten.

@fruehstueck3000
www.fruehstueck3000.com

Kaffee Bar

Bis nachmittags frühstücken und danach Wein und Käse genießen

Prenzlauer Berg
Stargarder Straße 55a, 10437 Berlin

Die Kaffee Bar ist ein hübsches, großes Eckcafé in Prenzlauer Berg. Unverputzte Backsteinwände, Marmortische und frische Blumen sorgen für ein schönes Ambiente.

Frühstück gibt's unter der Woche bis 15 Uhr, am Wochenende bis 16 Uhr. Unsere Favoriten sind der French Toast mit Ahornsirupbutter und Mascarpone sowie der hausgebeizte Lachs mit angebratenem Grünkohl und pochiertem Ei auf Körnerbrot. Selbst am Wochenende findet man hier mit einer größeren Gruppe easy einen freien Tisch. Zum Aperitivo kannst du auch in die Kaffee Bar kommen, dann gibt's Aperol, Wein und das Käsebrett.

@kaffee.bar.prenzlauerberg
www.kaffeebar.berlin

Le Bon

Mit Granola Pancakes und karamellisierten Bananen in den Tag starten

Kreuzberg
Boppstraße 1, 10967 Berlin

Von Dienstag bis Sonntag brunchen klingt verdammt gut, oder? Dann ab nach Kreuzberg ins Le Bon und den halben Tag schlemmen! Im Sommer hast du einen schönen Ausblick auf den Hohenstaufenplatz. Hier kommen herzhafte Genießer*innen genauso auf ihre Kosten wie Süßmäuler.

Wir sagen nur: Granola Pancakes mit karamellisierten Bananen, Marmelade, Chili-Schoko-Mandelbutter, Ahornsirup und Vanillesahne. Dazu vielleicht noch eine Bloody Mary oder einen Aperol Spritz – je nachdem, was es zu feiern gibt – tadaaa: ein perfekter Sonntagsbrunch.

@lebonberlin
www.lebon-berlin.com

 Tipp

Dienstags und samstags ist auf dem Hohenstaufenplatz ein niedlicher Ökomarkt, auf dem du frische Lebensmittel bekommst und immer einen kleinen Schnack mit den Verkäufer*innen halten kannst.

Mugrabi

In der Sonne sitzen und Hummus Sabich und Shakshuka essen

Kreuzberg
Görlitzer Straße 58, 10997 Berlin

Wer Frühstück sagt, muss auch Hummus sagen, denn der gehört für uns seit einigen Jahren zur Start 11 auf dem Frühstückstisch. Den allerbesten der Stadt bekommst du im kleinen Café Mugrabi direkt gegenüber des Görlitzer Parks. Auf schönen Holzmöbeln kannst du entweder drinnen oder draußen in der Sonne sitzen, Cappuccino und Breakfast Drinks schlürfen und Hummus, Hamshuka oder Shakshuka essen. Hier ist es so schön und das Essen so authentisch, dass man sich fast wie in einem Café in Tel Aviv fühlt. Wenn wir könnten, würden wir das Hummus Sabich (gibt's auch vegan mit Blumenkohl) heiraten.

@cafemugrabi
www.cafemugrabi.com

Sets

Frühstücksetagere, Rührei mit Lachs und Waffeln verputzen

Charlottenburg
Schlüterstraße 36, 10629 Berlin

Das Sets könnte man guten Gewissens als den Streber der Frühstückscafés bezeichnen, denn hier ist einfach alles perfekt. Auf dem schönen alten Parkettboden stehen gemütliche Samtsofas und Sessel in warmen Blau- und Rosatönen, auf dem Tisch landen Frühstücksetageren, Waffeln, Sandwiches, Rührei mit Lachs und überhaupt alles, was man sich zum Frühstück wünscht. Das einzige, was an diesen Tischen fehlt? Du und deine Begleitung, wie ihr euch über das Frühstück hermacht.

@sets_berlin

www.setsberlin.de

Tipp

Im Sommer kannst du auf der kleinen Terrasse sitzen und den Trubel auf der Straße genießen.

17

Spindler

Am Paul-Lincke-Ufer frühstücken und danach am Kanal spazieren

Kreuzberg
Paul-Lincke-Ufer 42/43, 10999 Berlin

Im Spindler am Paul-Lincke-Ufer stimmt interieurmäßig von vorne bis hinten einfach alles. Auch das Essen auf den Tellern sorgt für viele Ooohs, Aaahs und glückliche Gesichter. Beim Frühstück schafft das neben Eierspeisen und Sandwiches der dicke Pancake mit Honig oder Ahornsirup, Obst und Puderzucker. Beim monatlich wechselnden Lunch und Dinner sind es die wunderschön angerichteten deutsch-mediterranen Gerichte.

⌾spindler.berlin
www.spindler-berlin.de

The Greens

Große und kleine Zimmerpflanzen, bunte Lattes und leckeres Frühstück

Mitte
Am Krögel 2, 10179 Berlin

The Greens, die kleine Café-Oase von Marie und Christian, befindet sich mitten im ehemaligen Münzprägewerk der Alten Münze. Zwischen Monsterae, Sukkulenten und anderen Zimmerpflanzen essen wir hier leckeres Bananenbrot, schlürfen an gelben, grünen und pinken Lattes, die sich mit Kurkuma, Matcha oder Roter Bete eingelassen haben, oder kommen in der Mittagspause her – das Lunch-Angebot wechselt wöchentlich. Marie betreibt außerdem den Gemeinschaftsgarten der Alten Münze und will möglichst viel mit dem Obst, Gemüse und den Kräutern aus dem Münzgarten kochen.

@thegreensberlin
www.the-greens-berlin.de

Tipp
Du kannst hier fast alle Pflanzen kaufen und direkt mitnehmen.

Two Trick Pony

Breakfast Sandwiches und leckere Kuchen auf der großen Terrasse genießen

Kreuzberg
Bergmannstraße 52, 10961 Berlin

Ein ziemlich mutiges Pony: Mitten in der Coronakrise haben die Macher*innen 2020 das Two Trick Pony eröffnet. Statt großer Eröffnungsparty gab es Breakfast und Cappuccino to go. Und mit ihrer herzlichen Art haben sie uns und viele andere Berliner*innen schnell um den Finger gewickelt. Zugegeben, uns haben es auch die fantastischen Breakfast Sandwiches – vor allem das Kichererbsen-Masala-Sandwich –, der Tomatensalat und überhaupt alles, was auf der Karte steht, angetan.

Besonders cool an dem Laden ist, dass der Außenbereich relativ groß ist. Dadurch, dass dieser auf die Fahrradstraße Bergmannstraße blickt, ist es auch angenehm ruhig. Du bekommst hier außerdem glutenfreies Brot von der Area Bakery.

ⓘtwotrickponyberlin
www.twotrickpony-berlin.com

Tipp
Kinderfreundlich: Durch die große Terrasse und die Fahrradstraße ist es hier ziemlich easy, auch mit Kind bzw. Kinderwagen abzuhängen.

Clean Eating, my Ass! Wir wissen, dass eine gesunde und ausgewogene Ernährung wichtig ist, und die meiste Zeit ernähren wir uns auch ausgewogen. Dann landet Joghurt mit Früchten und hausgemachtem Müsli auf dem Tisch, wir bereiten uns einen frischen Smoothie in unserem Highspeed-Mixer zu und verbannen Nougataufstrich und Peanut Butter vom Frühstückstisch.

Manchmal ist uns das aber einfach ziemlich egal und wir räumen den Highspeed-Mixer doch wieder hinter die Töpfe im Regal. Dann wollen wir unsere Waffel mit Softeis füllen, drei Donuts auf einmal futtern, die Pommes in Mayo oder Chili-Cheese-Soße ertränken und die Burgersoße von den Fingern schlecken. Warum? Weil's geil ist.

A–Z
1   Berlin Burger International
2   Blackbeards
3   Brammibal's
4   Crackbuns
5   Goldies
6   Han West
7   Hey Schnecke
8   Möllers Köttbullar
9   Pignut BBQ
10   Rüya Gemüse Kebab
11   Tatas Berlin

Berlin Burger International

Geniale, saftige Burger und fettige Fritten

Neukölln
Pannierstraße 5, 12047 Berlin

Nur wenige Meter abseits der Sonnenallee befindet sich diese Mini-Perle fleischiger Lust, betrieben von wahren Enthusiast*innen. Vor über sechs Jahren, also lange bevor in Berlin beinahe täglich eine neue Burger-, BBQ- oder Pulled-Pork-Bude ihre Foodtruck-Fassade öffnete, hat der BBI hier eine Bastion erschaffen und sich eine treue Fangemeinde erbrutzelt. Die Burgerkreationen erfüllen sowohl klassische als auch ausgefallene Wünsche. Wir empfehlen dir den El-Gordonita mit Guacamole und Süßkartoffelpommes.

@berlinburgerinternational
www.berlinburgerinternational.com

Tipp
Hier gibt's die besten vegetarischen Burger der Stadt!

Blackbeards

Chicken Wings, Spare Ribs und Co.
im Blackbeards mampfen

Prenzlauer Berg
Pappelallee 55, 10437 Berlin

Die Amerikaner*innen verstehen keinen Spaß, wenn es um ihre fast schon religiös zelebrierten BBQ-Rituale geht. Das holzig-schummrige Blackbeards in Prenzlauer Berg nimmt sich diesen Kult zum Vorbild und liefert ausgezeichnete Spare Ribs, Chicken Wings und mehr. Würzig, zart, vom Knochen fallend und so seidig glasiert, dass du dich im Rippchen spiegeln kannst, wenn du denn willst (willst du!). Im Sommer kannst du außerdem in der Sonne „feasten".

@blackbeards_berlin
www.blackbeards.berlin

Brammibal's

Gleich eine ganze Box der besten (veganen) Donuts der Stadt kaufen

Prenzlauer Berg
Danziger Straße 65, 10435 Berlin

Nomnomnom, gibt es eigentlich Menschen, die keine Donuts mögen? Eben. Lange Zeit mussten Veganer*innen aber mit hängenden Köpfen an Dunkin' Donuts vorbeispazieren und davon träumen, dass es die leckeren Zuckerkringel endlich auch ohne Milch gibt.

Wenn man sich etwas nur lang genug wünscht, geht es anscheinend irgendwann in Erfüllung, denn schon seit einer Weile gibt es die wunderbaren Menschen von Brammibal's Donuts. Hier geht es nicht nur um veganes Essen, sondern vor allem um Donutkunst. So lecker, dass sie sogar Nicht-Veganer*innen ein verzücktes „Mmmmhhh" entlocken. Die Sorten wechseln jeden Monat, ein paar Klassiker bleiben aber bestehen. Unsere Favoriten: Chocolate Peanut Fudge und Salted Caramel Hazelnut.

@brammibalsdonuts
www.brammibalsdonuts.com

Tipp

Die bunten Kringel sind ziemlich beliebt. Deswegen lohnt es sich, online ein paar Donuts vorzubestellen, dann muss sich auch keine*r traurig die Nase an der leeren Vitrine platt drücken.

26

Crackbuns

Köstliche Bite-Size Burgers und Mochi-Mochi Fries im Crackbuns

Mitte
Auguststraße 63, 10117 Berlin

Hat jemand Burger gesagt? Wenn du Lust auf unkomplizierte, aber gute Fast-Food-Küche mit japanischen und amerikanischen Einflüssen hast, solltest du unbedingt im Crackbuns in der Auguststraße vorbeischauen. Hier gibt es fantastische Mini-Burger in immer frisch gebackenen und den wohl fluffigsten Buns, die wir seit langem gegessen haben – wahlweise mit Rindfleisch-, Shrimp- oder Veggie-Patty. Die sogenannten Sliders kannst du immer paarweise in 2er-, 6er- oder 12er-Boxen bestellen, je nachdem, wie groß dein Hunger ist oder mit wem du unterwegs bist.

Dazu empfehlen wir die überlangen und knusprigen Mochi-Mochi Fries oder den japanischen Gurkensalat mit Algen und Chili. Für alle Süßmäuler gibt es übrigens auch fantastischen French Toast mit leckeren Füllungen. Auschecken!

@crackbuns_berlin
www.crackbuns.com

 Tipp

Bei Crackbuns kannst du auch super Party Meals für die nächste WG-Sause bestellen.

Goldies

Frittiertes Kartoffelglück mit Pekingente oder Sauerkraut

Kreuzberg
Oranienstraße 6, 10997 Berlin

Die Freunde Vladi und Kajo lieben Pommes. Und wer kann es ihnen verübeln? Wer hat sich im Freibad als Kind nicht die letzte Mayo von den nach Chlor riechenden Fingern geschleckt? Eben.

In ihrem Laden haben die beiden das Pommes-Game auf ein neues Level gehoben. In der Champions League der Fritten gehen diese nämlich Liaisons mit Pekingente, Eisbein, Chili-Cheese, Roastbeef oder sizilianischer Caponata ein. Vom Ketchup bis zum fermentierten Sauerkraut, das bei der Berliner-Eisbein-Variante mit drauf kommt, ist bei Goldies alles hausgemacht und natürlich nur aus besten Produkten.

@goldies_pommes
www.goldies-berlin.de

Han West

Dumplings calling: (vegane) hausgemachte Dumplings und Bao Burger schnabulieren

Neukölln
Selchower Straße 20, 12049 Berlin

Wir müssen das hier wohl endlich zugeben: Wir haben uns in das Han West blitzverliebt. Egal ob mit Süßkartoffel-Teriyaki-Füllung, Pork und Schnittlauch oder Hallomui und Zitronengras, eigentlich lieben wir alle Dumplings. Neben Dumplings gibt es aber auch drei verschiedene Bao Burger, die entweder vegan mit knusprigem Tofu oder mit Schweinebauch und Halloumi gefüllt sind. Ein weiteres Highlight sind definitiv auch die hausgemachten Soßen, wie Sesamaioli oder Erdnusssoße, in denen du deine Dumplings schwimmen lassen kannst.

Für alle, die sich genauso schlecht entscheiden können wie wir, gibt es die Single Boxen. Enthalten sind zwei Sorten Dumplings, ein Bao Burger sowie Pommes und Cole Slaw – also von allem etwas.

@hanwest.dumplings

www.hanwest.de

Tipp

Der Laden ist direkt um die Ecke vom Tempelhofer Feld. Nimm dir das Essen also am besten mit und futtere es bei Sonnenuntergang auf dem Feld.

Hey Schnecke

Zimtschnecken for the win: saftige Schnecken mit Creme-Topping verschlingen

Schöneberg
Viktoria-Luise-Platz 11, 10777 Berlin

Wir lieben Zimt. Egal ob im Eis, im Kuchen oder – und das schmeckt am allerbesten – gleich als Zimtschnecke. Das Wichtigste bei Zimtschnecken ist aber nicht nur, dass sie ausreichend nach Zimt schmecken, sondern auch, dass sie richtig schön saftig sind (merke: Wenn die Tüte schon leicht durchweicht, ist die Zimtschnecke genau richtig).

Die Schneckendealer*in unseres Vertrauens ist Hey Schnecke in Schöneberg, wo es nicht nur die klassische Schnecke gibt, sondern auch Apfel-Zimt oder Schoko-Zimt, auf Wunsch immer mit einem leckeren Buttercreme-Topping. Dazu kannst du hier noch leckeren Kaffee trinken oder mittags zum Lunch kommen. Aber mal ehrlich: Wer hat denn gesagt, dass Zimtschnecken kein guter Lunch wären?

@hey_schnecke
hey-schnecke.com

Möllers Köttbullar

Köttbullar-Liebe in Kreuzberg

Kreuzberg
Köpenicker Straße 190, 10997 Berlin

In Kreuzberg hat Deutschlands erstes Köttbullar-Restaurant eröffnet. Um die Ecke vom Schlesischen Tor servieren Henrik und Michael in ihrem kleinen Laden originale Köttbullar aus Rindfleisch sowie fleischfreie Bällchen aus Erbsen- und Sonnenblumenprotein, Champignons und Gewürzen. Dazu gibt es Preiselbeeren, Gurkensalat und braune Soße. Außerdem stehen Kartoffelpüree und Pommes zur Auswahl. Aussicht auf schwedisches Comfy Food haben auch Veganer*-innen, das Menü gibt es nämlich auch komplett vegan – von den Bällchen bis zum Kartoffelbrei. Und wer den Cheat Day richtig ernst nimmt, der*die kann sich die Köttbullar auch nach Hause liefern lassen, wir verraten es auch niemandem.

@moellerskoettbullar

 Tipp
Das Rezept für die veganen Köttbullar hat Maria vom
Maria Vegan Comfort Food kreiert. Ihren Laden findest du um die
Ecke in der Falckensteinstraße.

Pignut BBQ

Nasty Pulled Pork Sandwich und andere geile BBQ-Sachen

Moabit

Arminiusstraße 2–4, 10551 Berlin

Klein aber fein: In der großen Arminiushalle bringt Pignut BBQ die Südstaaten nach Moabit. Besonders pervers-köstlich: das Pulled Pork Sandwich.

Nach stundenlangem Räuchern mit Pignut-Hickory-Holz (auf Deutsch, nicht lachen: „Ferkelnussholz") vereint sich das gezupfte, Höllische ... äh ... Hällische Landschweinefleisch in inniger Leidenschaft mit der hausgemachten BBQ-Marinade. Herauskommt ein schlotzig-herzhafter Burger ohne Makel. Dazu knusprige, hausgemachte Pommes und drei verschiedene exzellente Soßen sowie erfrischende Eistees. Hin da!

@pignutbbq

www.pignutbbq.com

Rüya Gemüse Kebab

Bei Rüya den leckersten Chicken-Kebab der Stadt essen

Charlottenburg
Otto-Suhr-Allee 19, 10585 Berlin

Wir können dir nicht sagen, wie viele Döner in Berlin täglich über Tresen gereicht werden, aber es sind sicher viele. Sehr viele. Egal ob morgens nach dem Feiern, mittags zum Lunch (dann aber ohne Knoblauchsoße) oder als Mitternachtssnack, wir alle lieben das frisch gefüllte Fladenbrot.

Weil aber nicht nur Mustafa, sondern auch andere Väter schöne Döner haben, futtern wir unseren Döner am liebsten bei Rüya in Charlottenburg. Hier gibt's nämlich den besten Chicken-Kebab Berlins. Das Hähnchenfleisch ist supersaftig, das eingelegte und geröstete Gemüse mal was anderes und selbst beim Brot hast du die Wahl zwischen drei Sorten. Unvergesslich und unglaublich lecker – auch nüchtern.

Tatas Berlin

Muffles füllen mit allem, was das süße Foodie-Herz begehrt

Neukölln

Maybachufer 11, 12047 Berlin

Die wichtigste Frage zuerst: Wtf ist eine Muffle? Antwort: eine ziemlich leckere Kreuzung aus Muffin und Waffel, außen kross wie eine Waffel und innen fluffig wie ein Muffin. Klingt an sich schon lecker und kann pur oder mit Soße verputzt werden. Im Sommer bietet Tatas zudem Frozen Yogurt als Füllung an. Und hat man nicht gerade einen an der Muffle, sagt man nicht Nein zu dieser Waffel.

@tatasbln

www.tatas-berlin.de

 Tipp

Das Apfelkompott schmeckt fantastisch!

Du hast mit deinem*r Liebsten schon oft genug den Hauswein beim Italiener um die Ecke bestellt und kannst bei eurem Lieblingsvietnamesen, ohne in die Karte zu blicken, zielsicher die 41 für sie oder ihn ordern? Oder hast du dein Herz gerade frisch an jemanden verschenkt und willst sie oder ihn noch nicht mit der gemütlichen Jogginghose und den Chips auf der Couch ... ähm ... überraschen?

Wenn du lieber bei schummrigem Licht fein speisen, die schöne Zweisamkeit genießen und dich ein bisschen schick machen willst, werden dir diese Orte ein paar Tränchen in die Augen treiben. Call it a Date Night!

Bonvivant

Bunte Drinks und ausschließlich vegetarische Gerichte im Bonvivant Cocktail Bistro

Schöneberg
Goltzstraße 32, 10781 Berlin

Das Bonvivant im Schöneberger Akazienkiez ist Restaurant und Bar in einem. In ihrem Cocktail-Bistro verbinden die Betreiber*innen Gelassenheit und Qualität. Pastellfarbener Samt trifft auf grünen Marmor, farbige Wände auf dunkle Holzmöbel. Hinter der Bar steht World-Class-Bartenderin Yvonne Rahm und mixt bunte Drinks und Klassiker.

Im Restaurant wird ausschließlich vegetarisch gekocht. Für das kulinarische Konzept ist Biokoch Ottmar Pohl-Hoffbauer verantwortlich. Gemüse ist hier nicht nur Beilage, sondern Hauptbestandteil und deswegen wandern auch Zucchininudeln auf Ricotta di Bufala mit frittierter Zucchiniblüte oder japanische Aubergine mit Erbsen und grünem Spargel auf die Teller. Dazu gibt es Naturweine in rot, weiß und rosé – besser geht's für ein Date eigentlich nicht.

@bonvivantberlin
www.bonvivant.berlin

Tipp

Wer noch Lust auf Nachtisch hat, kann auf dem Heimweg in der Goltzstraße auch bei Jones Ice Cream vorbeihüpfen – für Eilige gibt's Cookies und Eis natürlich auch zum Mitnehmen.

Coda

In der Coda Dessertbar einen Nachtischmarathon hinlegen

Neukölln
Friedelstraße 47, 12047 Berlin

Eine Bar, in der es nur Drinks und Desserts gibt? Klingt komisch, ist aber das Konzept vom Coda Dessert Dining & Bar. Hier ist jeder Drink (auf Wunsch auch alkoholfrei) akribisch auf den Nachtisch abgestimmt und umgekehrt – als wären sie eins. Auf dem Tisch landen dann zum Beispiel ein Dessert bestehend aus Pekaneis, Aubergine und Apfelbalsamico, dazu wird Sherry mit Pekannussnote gereicht.

Wer nicht so auf Süßes steht, findet ein paar interessante Kreationen wie Desserts mit Käse, fermentiertem Tofu oder schwarzem Knoblauch. Und wer dann so richtig Lust auf Nachtisch bekommen hat, kann sein Date ja noch auf ein letztes Dessert zu Hause einladen.

@codaberlin
www.coda-berlin.com

Kin Dee

Thailändische Küche und die schönsten Teller im Kin Dee

Tiergarten
Lützowstraße 81, 10785 Berlin

In ihrem Restaurant serviert Küchenchefin Dalad Kambhu Gerichte aus ihrer Heimat und Kindheit in Thailand. „Kin dee" bedeutet übersetzt so viel wie „gut essen". Und für diese moderne thailändische Küche mit ihren ganz authentischen Geschmäcken und Gerichten, inklusive der landestypischen Schärfe, ist „gut essen" eigentlich noch ziemlich untertrieben, denn ihr esst hier wirklich fantastisch.

Mit traditionellen thailändischen Zutaten bricht Dalad Kambhu dann allerdings dadurch, dass sie Gemüse und Fleisch saisonal und regional kauft. Am liebsten essen wir den Oktopus und das Kin Dee Curry – beides übrigens auf den schönsten Tellern Berlins serviert!

⌾kindeeberlin
www.kindeeberlin.com
 Tipp
Seid vorsichtig mit dem Chili, das hat uns schon die ein oder andere Schweißperle auf die Stirn getrieben, und vielleicht wollt ihr beim Date ja lieber anders ins Schwitzen kommen.

Kink Bar & Restaurant

Gute Drinks, spannende Gerichte und New-York-Vibes

Prenzlauer Berg
Schönhauser Allee 176, 10119 Berlin

Wer schon mal in New York war, weiß, wovon wir sprechen: diese typischen SoHo-Vibes, die wir aus der Ferne immer ein wenig vermissen. Damit ist zum Glück inzwischen Schluss, denn das Kink zählt mit der Location am Pfefferberg zu den schönsten, die wir in Berlin haben. Neben guten Drinks umfasst die Karte auch zwölf Gerichte, sechs warme und kalte Vorspeisen, drei Hauptspeisen und drei Desserts.

Die Gerichte variieren und reichen von Gnocchi mit grünem Spargel, Oktopus mit geräucherter Aubergine bis zu Spargeleis. Aber passt auf, dass ihr bei dieser umwerfenden Location mit den hohen, dunklen Decken, der roten Lichtinstallation und den coolen Möbeln auch noch Augen für eure Begleitung habt.

kink.bar.restaurant
www.kink-berlin.de

Tipp
Sobald es wärmer ist, lohnt es sich, einen Platz auf der wunderschönen Terrasse zu sichern.

Mine / Wine

Italienische Küche und die leckersten Weine im Mine / Wine

Charlottenburg
Meinekestraße 10, 10719 Berlin

Wer in Berlin auf der Suche nach einem wirklich guten und zugleich schönen Italiener ist, hat es nicht leicht. Seit Anfang des Jahres 2017 gibt es aber zu unser aller Glück ein Restaurant, in dem wir unser Italienfernweh in Rotwein, Pasta, Trüffelbutter und Tiramisu ertränken können – das Mine / Wine. Küchenchef und Restaurantbesitzer Mikhail Mnatsakanov bringt hier italienische Klassiker und spannende Eigeninterpretationen auf hübsche Teller. Unsere Favoriten: die Tortelli mit Burrata und Trüffel, das Vitello Tonnato und der hervorragende hauseigene Prosecco.

@minewineberlin
www.minerestaurant.de

Tipp

Direkt neben dem Restaurant befindet sich eine kleine Weinbar. Die Bar kann für Gruppen gemietet werden. Die perfekte Location für ein intimes Geburtstags-, Geschäfts- oder Candlelight-Dinner.

Mont Raw

Feine israelisch-mediterrane Küche bei Kerzenschein

Mitte
Torstraße 189, 10115 Berlin

Auch wenn der Name Mont Raw so klingt, roh ist hier nicht alles. Die Speisen spielen mit Einflüssen aus der israelischen und mediterranen Küche, und Restaurantleiter Shimon bringt so viel israelische Herzlichkeit mit, dass wir uns ein bisschen fühlen wie in Tel Aviv. Als Vorspeise empfehlen wir die Eggplant Bruschetta. Aber generell schmeckt alles fantastisch, und wenn es wärmer ist, könnt ihr auch gemütlich auf der Terrasse dinieren.

montraw_restaurant
www.montraw.com

Nobelhart & Schmutzig

Brutal lokal: Sterneküche in einem der 100 weltbesten Restaurants

Kreuzberg
Friedrichstraße 218, 10969 Berlin

Ein „AfD verboten"-Schild ziert die Eingangstür und Vulven schmücken gelegentlich das Schaufenster: So ganz typisch ist das Sternerestaurant von Billy Wagner wohl nicht. Die Gäste dürfen entlang eines großen Tresens Platz nehmen, von dem aus sie Einblick in die Küche haben.

Serviert wird ein einheitliches Menü für alle, bei dem regionale und saisonale Produkte verarbeitet werden. So bleibt euch die Qual der Wahl erspart, auf Allergien und besondere Ernährungsweisen wird aber natürlich Rücksicht genommen. 2018 hat es das Team um Chefkoch Micha Schäfer bereits auf Platz 88 der Gastrobewerter*innen von „The World's 50 Best Restaurants" geschafft, und wir sind uns sicher: das ist erst der Anfang.

@nobelhartundschmutzig
www.nobelhartundschmutzig.com

Tipp
Wenn ihr einen Gang besonders gut findet, sagt es ruhig,
denn wer lieb schaut, bekommt vielleicht einen Nachschlag.

45

Paris Bar

Französische Weine und Berliner Celebrities in der Paris Bar

Charlottenburg
Kantstraße 152, 10623 Berlin

In dieser Institution geht es vor allem darum, zu sehen und gesehen zu werden. Prominente (von A- bis Z-Promi) und Künstler*innen aus aller Welt schütteln sich hier die Hand. Die Wände sind voller Gemälde, was dem Ganzen eine Galerieatmosphäre verleiht.

Es kann auch schon mal vorkommen, dass eine*r der Maler*innen der Typ oder die Lady an der Bar ist, in Schwarz gekleidet oder Zigarre paffend. Klingt vielleicht abschreckend arrogant, ist aber ein absoluter Klassiker in Berlin und auf jeden Fall einen Besuch wert. Ach ja, und das Essen ist auch ganz lecker. Französische Pommes frites, dünn und knusprig – und jede*r ist glücklich!

www.parisbar.net

To The Bone

All you need is meat: saftiges Fleisch von Italiens berühmtestem Metzger

Mitte
Torstraße 96, 10119 Berlin

Auf der Torstraße gibt es einen Italiener, und der sieht verdammt gut aus. Das To The Bone ist das zweite kulinarische Projekt von Giacomo Mannucci, der in seinem To Beef or Not To Beef bereits seit 2012 die Schöneberger*innen mit leckerstem Rindfleisch versorgt.

Das To The Bone wirkt erwachsener und gehört offensichtlich zur Fine-Dining-Klasse. Das verrät nicht nur das Interieur, sondern auch ein Blick auf die Speisekarte. Hier landet das beste Fleisch Italiens auf dem Teller, das vom berühmten italienischen Metzger Dario Cecchini geliefert wird. Um fleischlos glücklich zu werden, ist das definitiv der falsche Ort, dafür läuft Fleischliebhaber*innen schon beim Gedanken an die Köstlichkeiten das Wasser im Mund zusammen.

ⓐtothetoneberlin
www.tothebone.bonita.berlin

Tulus Lotrek

Kreative Küche im wahrscheinlich lässigsten Sternerestaurant der Stadt

Kreuzberg

Fichtestraße 24, 10967 Berlin

Tulus Lotrek. Den Namen richtig auszusprechen ist gar nicht so leicht. Hinter dem Wortwitz (die lautsprachliche Schreibweise des französischen Malers Henri de Toulouse-Lautrec) verbirgt sich das Restaurant von Gastgeberin Ilona Scholl und Sternekoch Max Strohe. Das Besondere am Tulus Lotrek ist die Atmosphäre: Die ist nämlich ungewöhnlich locker und familiär für ein Sternerestaurant. Küchenchef Strohe bietet zwei Menüs an, das omnivore und das vegetarische. Ihr habt die Wahl zwischen sechs, sieben oder acht Gängen, los geht's bei 120 Euro.

@tuluslotrekberlin

www.tuluslotrek.de

Tipp

Euren Tisch findet ihr schnell: Hier werden die Reservierungen mit Kreide auf die Tische geschrieben.

Vin Aqua Vin

Mit dem Date gute Weine durchtesten und den Lieblingswein direkt mit nach Hause nehmen

Neukölln
Weserstraße 204, 12047 Berlin

In gemütlicher Atmosphäre mit schummrigem Licht könnt ihr bei Vin Aqua Vin in Neukölln Wein shoppen und genießen. Das junge Team hat mit viel Leidenschaft ein schönes Sortiment zusammengestellt und kann euch mit einer feinen Auswahl von hauptsächlich deutschen Winzer*innen, aber auch Weinen aus Frankreich, Portugal, Spanien und Italien bedienen.

Der persönliche Kontakt mit den Erzeuger*innen ist den Betreiber*innen dabei sehr wichtig. Seminare finden hier auch statt, und wenn es draußen kalt wird, laden die Leute vom Vin Aqua Vin Gastköch*innen für Pop-up-Dinner-Events ein.

@vin_aqua_vin

www.vinaquavin.de

 Tipp

Euren Lieblingswein könnt ihr direkt mit nach Hause nehmen und gemeinsam auf der Couch schlürfen.

Elternbesuch

It's that time of the year again: Die Eltern kommen zu Besuch. Und während du dich schon erfolgreich davor gedrückt hast, sie in deiner nicht unbedingt präsentablen WG zu empfangen, bleibt immer noch die Frage: Wohin mit der elterlichen Gesellschaft zum Essen? Pizza oder doch lieber Schnitzel? Schnell zwischendurch oder abends Fine Dining? Und kann man da eigentlich schön draußen sitzen?

Wir haben dir Restaurants rausgesucht, die perfekt für einen Besuch mit den Eltern sind – und in denen es zur Not auch genug Wein gibt, um unangenehme Gespräche über die Zukunftsplanung zu ertränken.

Brasserie Colette

Modern interpretierte französische Küche von Tim Raue

Schöneberg
Passauer Straße 5–7, 10789 Berlin

Die Brasserie Colette gehört zu den Lieblingen unserer Redaktion. Die Einrichtung erinnert an ein kleines französisches Bistro, und kaum hat man sich hingesetzt, stehen auch schon Brot und ein Einmachglas voll mit Gewürzgurken auf dem Tisch, die so lecker sind, dass unsere Kollegin Maxi sie am liebsten für zu Hause hätte. Dazu solltet ihr unbedingt mit einem Glas Champagner anstoßen und als Vorspeise die Artischocke nehmen.

Zum Hauptgang futtern wir am liebsten den Thunfisch oder das Steak frites und zu guter Letzt gönnen wir uns noch die Karamellbonbons. Das Restaurant ist zwar ein bisschen hochpreisiger, aber wenn Mama und Papa zahlen, kann man sich ja auch mal was gönnen, oder?

◎brasseriecolette
www.brasseriecolette.de

BRLO Brwhouse

Berliner Craftbeer und fermentiertes Gemüse aus dem Smoker

Kreuzberg
Schöneberger Straße 16, 10963 Berlin

Das BRLO Brwhouse ist einer unserer Lieblingsplätze im Sommer. Der Biergarten ist wunderschön und mit dem Blick auf den Park am Gleisdreieck habt ihr, auch wenn ihr euch mal nichts zu sagen habt, immer was zu gucken. Ihr könnt hier nicht nur über sechzig verschiedene Biere testen, sondern auch fabelhaft essen. Und wenn das Wetter doch mal nicht mitspielt, könnt ihr es euch im großzügigen Restaurant, das aus 38 großen Überseecontainern gebaut wurde, gemütlich machen.

ⓞbrlobeer
www.brlo-brwhouse.de

Tipp

Das BRLO liegt direkt am Park am Gleisdreieck, wo ihr schön spazieren gehen könnt. Unser Lieblingsplatz: die Wiese hinter den Volleyballfeldern.

Café am Neuen See

Boot fahren und anschließend mit einem traumhaften Blick auf den See essen

Tiergarten
Lichtensteinallee 2, 10787 Berlin

Ein Geheimtipp ist das Café am Neuen See zwar nicht, aber es bleibt eine wirklich gute Empfehlung, vor allem wenn Mama und Papa zu Besuch sind, denn es ist ein wahrer Allrounder. Ihr könnt erst durch den Tiergarten schlendern, eine kleine Bootstour auf dem See machen und dann gemütlich im Biergarten bei Pizza und Brezeln entspannen. Der Ausblick ist fast zu schön, um wahr zu sein, und wer's gemütlicher will, der zieht ins Restaurant, wo ihr bei nettem Kerzenschein leckeren Wein schlürfen und traditionelles Essen futtern könnt.

@cafeamneuensee
www.cafeamneuensee.de

Café Einstein Stammhaus

Wiener-Kaffeehaus-Feeling
mitten in Berlin

Tiergarten
Kurfürstenstraße 58, 10785 Berlin

Das Café Einstein ist eine Berliner Institution, die bereits 1878 erbaut wurde. Wenn ihr euch mal wie in Wien fühlen wollt, dann seid ihr im Einstein genau richtig, denn das Café frönt der traditionellen Wiener Kaffeehauskultur. Vielleicht sitzt dann am Nebentisch auch eine*r der Berliner Intellektuellen, die hier ein und aus gehen.

Auf den Tisch kommt neben leckerem Kaffee und Kuchen auch traditionelle österreichische Küche. Plant für den Besuch ein bisschen mehr Zeit ein, denn das Einstein ist oft sehr voll, sodass man ein paar Minuten auf einen Tisch warten muss.

ⓘcafeeinsteinstammhaus
www.cafeeinstein.com

Tipp
Im Sommer könnt ihr im zauberhaften Garten frühstücken.

Clärchens Ballhaus

Tanzen, Konzerten lauschen und deftige deutsche Küche genießen

Mitte
Auguststraße 24, 10117 Berlin

Das Clärchens ist der perfekte Ort, wenn es darum geht, die Eltern zu bespaßen, denn es hat quasi rund um die Uhr etwas zu bieten. Am Wochenende könnt ihr euch im schönsten Raum der Stadt, dem Spiegelsaal, ein Drei-Gang-Brunch-Menü mit Frühstücksetagere, Königsberger Klopsen und Dessert genehmigen, mittags und abends gibt es sowohl im Spiegelsaal als auch draußen im Biergarten deutsche Küche, frisch gezapftes Bier und Vino, und abends, wenn die Lichterketten im Garten angehen, wird gepflegt das Tanzbein geschwungen – ob im Tanzkurs oder bei den regelmäßigen Salsa-Abenden hängt natürlich von euren Skills ab. Und wenn oben in den Spiegelsaal die Sonne hereinscheint, sieht alles einfach magisch aus.

@claerchens_ballhaus
www.claerchensball.haus

Heimlich Treu

Hinterhofromantik at its best: Drinks und leckeres Essen im Heimlich Treu

Mitte
Anklamer Straße 38, 10115 Berlin

Zufällig stolpert man nicht ins Heimlich Treu, dafür liegt das Restaurant viel zu versteckt in einem zweiten Hinterhof in der Anklamer Straße. Ist man aber einmal drin, will man eigentlich gar nicht mehr gehen.

Warmes Licht, hübsche Blumengestecke, gemütliches Loftfeeling, Holz und Beton als Designtraumpaar und ein familiäres Miteinander sorgen auf Anhieb für Wohlfühlatmosphäre. Das Heimlich Treu ist ein echtes Hinterhofjuwel und ein Ort, an dem man mit Freund*innen und Familie bei erstklassigem Essen und sehr guten Weinen die Zeit vergessen kann. Und wenn es wärmer wird, könnt ihr auf der traumhaften Terrasse im Innenhof dinieren.

@heimlichtreu_restaurant
www.heimlichtreu.de

Jolesch

Feine österreichische Küche
am Kamin genießen

Kreuzberg
Muskauer Straße 1, 10997 Berlin

Wenn es euch so geht wie uns und die österreichische Küche euch irgendwie ein Gefühl von Gemütlichkeit und Wohlbefinden vermittelt, dann probiert doch mal das Jolesch aus. Die Einrichtung und Aufmachung sind etwas schicker, der Geschmack der Speisen trifft es auf den Punkt.

Auf der Karte stehen Klassiker und moderne Kreationen. Bei dem gedimmten Licht in dem mit dunkelgrünen Wänden und viel Holz versehenen Raum könnt ihr ungestört über (unglaublich gutes) Wiener Schnitzel, Tafelspitz, Knödel und natürlich Kaiserschmarrn herfallen. Wenn es kälter wird, sitzt man drinnen und lauscht dem Knistern des Kamins, bei sommerlichen Temperaturen ist ein Abend auf der Straßenterrasse unschlagbar.

@restaurant_jolesch
www.jolesch.de

Tipp

Bestellt unbedingt den Kaiserschmarrn, der ist wirklich fantastisch. Wirklich.

Knödelwirtschaft

In der Knödelwirtschaft Knödel mit Rahmsoße futtern, bis die Hose kneift

Neukölln
Fuldastraße 33, 12045 Berlin

Wir lieben Knödel, und genauso geht es offensichtlich auch den Jungs der Knödelwirtschaft, denn in ihrem Restaurant dreht sich alles um die runden Teigklöße. Wählen könnt ihr immer zwischen vier verschiedenen Knödeln, beispielsweise Speck-, Bergkäse-, Spinat-Ricotta- oder Rote-Bete-Knödeln, die mit Salat serviert werden.

Wer sich nicht für eine Sorte entscheiden mag, der kann nach Belieben auf seinem Teller mischen. Und wer genauso sehr auf Soßen steht wie wir, der sollte sich die Champignonrahmsoße nicht entgehen lassen. Weil wir allerdings nicht die einzigen Knödellover sind, solltet ihr entweder sehr früh kommen oder reservieren, denn das Restaurant ist klein und die Schlange Hungriger meist groß.

@knoedelwirtschaft
www.knoedelwirtschaft.de

Tipp

Veganer*innen aufgepasst: Es gibt hier auch vegane Knödel! Leider noch keine Soße, aber das ist sicher nur eine Frage der Zeit.

Manzini

Zwischen Schauspieler*innen, Künstler*innen und Politiker*innen lecker frühstücken

Wilmersdorf
Ludwigkirchstraße 11, 10719 Berlin

Das Manzini ist ein echter Klassiker. Viele der Gäste, darunter Schauspieler*innen, Künstler*innen und Politiker*innen, kommen schon seit Jahren und werden freundschaftlich gegrüßt. Einige Stammgäste gehören fast schon zum Inventar, sitzen jeden Tag an einem der kleinen Tische, trinken Kaffee und lesen ihre Zeitung. Das Restaurant erinnert an ein französisches Bistro mit gemütlichen Sitzecken, weißen Tischdecken und alten Fotografien an den Wänden. Besonders lecker und üppig ist das Bauernfrühstück, unser Lieblingsfrühstück im Manzini.

@dasmanzini
www.manzini.de

 Tipp

Hier trifft man übrigens häufig auf den Schriftsteller Ferdinand von Schirach, das Manzini ist nämlich sein Lieblingsort in Berlin.

Oderberger

Regionale deutsche Küche im ehemaligen Heizkraftwerk eines Schwimmbads

Prenzlauer Berg
Oderberger Straße 57, 10435 Berlin

In den Räumlichkeiten des Restaurants Oderberger befand sich früher das Heizkraftwerk des Stadtbads, kleine Details an den Wänden erinnern immer noch daran. Heute wird hier auf drei Ebenen und mit kosmopolitischem Flair feine deutsche Küche serviert. Obst und Gemüse kommen aus dem Berliner Umland, der Fisch vom Forellenhof Rottstock und das Wild aus der Schorfheide – durch und durch regional und saisonal. Auch beim Wein liegt der Fokus auf ausgewählten deutschen Weinen.

Das Oderberger ist aber nicht nur eines unserer Lieblingsrestaurants, sondern generell ein ziemlich toller Ort, denn hier könnt ihr außerdem im historischen Bad ein paar Bahnen ziehen, Wellness machen und übernachten.

@oderberger_berlin
www.restaurant-oderberger.berlin

Schnitzelei

Die besten Schnitzel der Stadt
und deutsche Tapas

Charlottenburg
Röntgenstraße 7b, 10587 Berlin

Dass ein wirklich gutes und ehrliches Schnitzel manchmal das Beste ist, beweist die Schnitzelei seit Jahren. Die Panade ist herrlich knusprig und nicht zu fettig, das Fleisch ist schön dünn und zart, und das macht das Schnitzel hier zu einem der besten der Stadt.

Auch wenn der Name etwas anderes suggeriert, gibt es aber nicht nur Schnitzel, sondern auch deutsche Tapas. Tapas, weil die Portionen in hübschen kleinen Schälchen serviert werden. Und deutsch, weil statt Aioli und Pimientos Mini-Kohlrouladen, Fisch-frikadellen, Nürnberger Bratwürstchen und Co. in die Schälchen wandern. Sehr deftig, sehr lecker und immer wieder einen Besuch wert.

⊚schnitzelei.berlin
www.schnitzelei.de

Tipp
Die Schnitzelei gibt's auch in Mitte in der Chausseestraße 8.

All Vegan Everything

Manche verbinden vegane Ernährung ja immer noch mit Verzicht. Dass das absoluter Quatsch ist, beweist die Berliner Gastroszene seit Jahren, denn hier können Veganer*innen schlemmen wie König*-innen. Es gibt nicht nur in fast jedem Laden vegane Optionen, sondern auch zig Läden, die sich dem veganen Lebensstil komplett verschrieben haben.

Egal ob saftige Burger und Pommes mit Bratensoße, Pizza oder cremiges Eis, hausgemachter Kuchen und Pancakes, oder Sushi und Curry mit knuspriger Ente, wer sich vegan ernähren möchte, muss wirklich auf gar nichts verzichten. Diese komplett veganen Läden kochen sich in die Herzen aller omnivoren, vegetarischen oder veganen Foodies. Wissen die wenigsten, aber das V in vegan steht für verdammt lecker!

A–Z
1 Café Vux
2 Element Five
3 Frea
4 Greenfinch
5 Kopps
6 La Stella Nera
7 Lia's Kitchen
8 Neue Republik Reger
9 Mom's Creation
10 Tiger Club
11 Tribeca Ice Cream

3 FREA

Mit dem Frea hat 2019 Berlins erstes veganes Zero-Waste-Restaurant eröffnet. Die Gerichte überzeugen mit saisonalem und frischem Charakter und das Restaurant selbst besticht durch ein wunderschönes, ziemlich hippes Interieur aus Pflanzen und Holzmöbeln. Unbedingt probieren: den Minzkefir und die Kartoffelterrine.

freaberlin, www.frea.de

1 CAFÉ VUX

Hausgemachte Torten und Kuchen, frische Waffeln mit Sahne, Cookies und Cupcakes: Im Café Vux werden alle (veganen,) süßen Träume erfüllt und mit Biokaffee serviert. Unbedingt probieren: die Spreewelle.

cafevux, www.vux-berlin.com

2 ELEMENT FIVE

Ins Element Five – übrigens die kleine Schwester des 1990 Vegan Living in Friedrichshain – gehst du am besten mit vielen Freund*innen, dann könnt ihr von den verschiedenen kantonesischen Tapas – von den Frühlingsrollen über den gedämpften Hefekloß bis hin zu veganen Shrimps, Ente, Curry oder Dumplings – einfach alle bestellen. Unbedingt probieren: Beautiful Luoyang.

elementfiveberlin

5 KOPPS

Eigentlich müssen Veganer*innen bei Buffets immer schauen, was davon sie essen können. Bei Kopps ist das Gegenteil der Fall, denn hier ist alles nicht nur absolut köstlich, sondern auch vegan und noch dazu ziemlich fancy. Abends verwandelt sich der Laden in ein feines Restaurant. Unbedingt probieren: Am Buffet lohnt es sich immer, von allem ein bisschen zu nehmen.

@ koppsberlin, www.kopps-berlin.de

4 GREENFINCH

Erst Yoga, dann leckeres Frühstück: Hier geht beides. Bei Greenfinch ist alles vegan und schmeckt dabei – Überraschung! – so lecker, dass eigentlich niemand etwas vermisst. Unbedingt probieren: die Pancakes!

@ greenfinch.berlin, www.greenfinch.berlin

6 LA STELLA NERA

The full pizza experience: Das La Stella Nera ist ein kollektiv geführter, rein veganer Pizzaladen, in dem du nicht nur eine klassische Marinara, sondern auch frische, leckere Pizza mit veganem Käse, Räuchertofu und Co. serviert bekommst. Unbedingt probieren: die weißen Pizzen.

@ lastellaneraberlin, www.lastellanera.de

1 **Café Vux** Wipperstraße 14, Neukölln
2 **Element Five** Skalitzer Straße 46b, Kreuzberg
3 **Frea** Torstraße 180, Mitte
4 **Greenfinch** Käthe-Niederkirchner-Straße 10, Prenzlauer Berg
5 **Kopps** Linienstraße 94, Mitte
6 **La Stella Nera** Leykestraße 18, Neukölln

7 LIA'S KITCHEN

Bei Lia's Kitchen werden alle Fast-Food-Träume erfüllt und das sogar vegan. Von saftigen Burgern über fettige Pommes bis hin zu Caesar Salad und Milchshakes gibt's hier alles. Absolutes Plus: Von den Soßen darfst du dir so viel du willst nehmen. Unbedingt probieren: den veganen Feta.

🔗 liaskitchenberlin, www.liaskitchen.de

8 MOM'S CREATION

Vegan und vietnamesisch schlemmen: Es erwarten dich selbst gemachte Frühlingsrollen, cremiges Curry und Erdnusssoße, gedämpfte Udon-Nudeln und fantastische vegane Ente und Hähnchen. Unbedingt probieren: die Ente.

🔗 moms.vegan.friedrichshain, www.moms-restaurant.de

9 NEUE REPUBLIK REGER

Saftige Burger – Beyond Meat, Pulled Seitan oder veganes Chicken –, fettige Pommes, Hotdogs, Currywurst, Poutine, verdammt viele Soßen und manchmal Softeis: In der Republik Reger ist alles ein bisschen over the top und genau deswegen verdammt lecker. Ihre URL ist nicht umsonst republik.sexy. Unbedingt probieren: den Pulled-Seitan-Burger.

🔗 neuerepublikreger, www.republik.sexy

10 TIGER CLUB

Mehr als nur Gurken-Maki: Ausgerechnet Sushi, der
Himmel für Fischliebhaber*innen, wird im Tiger Club
komplett umgekrempelt, und das schmeckt verdammt
lecker. Maki mit veganem Käse und Paprika, Scitan
und Avocado oder Jackfruit und Chilimayo, Nigiri mit
Sojafilets? Count us in! Unbedingt probieren: die Jack-
fruit-Maki mit Chilimayo.

tigerclub.vegansushi, www.tiger-club-vegan-sushi.business.site

11 TRIBECA ICE CREAM

Bei Tribeca erwartet dich cremiges Eis
in außergewöhnlichen Sorten wie Blue
Coconut, Black Sesame oder Hazle-
nut Baobab. Egal ob in der Waffel, im
Becher oder als großer Becher für zu
Hause, es lohnt sich immer! Unbedingt
probieren: Salted Caramel und Rasp-
berry Coconut.

tribecaicecream, www.tribecaicecream.com

Stil

Kennst du das kleine Einmaleins des Hipstertums? Ob du's willst oder nicht, allein die Tatsache, dass du gerade dieses Buch liest, bringt den kleinen inneren Hipster in dir zum Vorschein.

Weil wir eigentlich ganz zufrieden sind mit unseren goldenen Brillen, den hübschen Vintage-Rennrädern von Bianchi, der Monstera und dem cleanen Style des ein oder anderen skandinavischen Modelabels, haben wir hier ein paar Läden zusammengetragen, die jedem*r das kleine Einmaleins beibringen. Vielleicht gibt's ja auch bald bei Netflix eine Serie: Making a Hipster?

STIL

Aka

Galerie, Tattoo- und Piercingstudio in einem

Neukölln

Pflügerstraße 6, 12047 Berlin

Wir alle wissen: Die Tattooszene ist nicht bei Knasttattoos, Arschgeweihen und Tribals stehen geblieben, sondern zu einer wirklich coolen Kunstform gewachsen. Bei Aka in Neukölln kannst du dir von ansässigen wie auch Gasttätowierer*innen ein Motiv für die Ewigkeit stechen lassen.

Weil aber alle Tätowierer*innen hier ziemlich genial sind, sind die Wartezeiten auf einen Termin nicht unbedingt kurz, lohnen sich aber auf jeden Fall. Nebenbei dient der Space auch als Piercingstudio und Kunstgalerie, was ziemlich coole Leute in den Laden bringt.

@akaberlin
www.akaberlin.com

Kauf Dich Glücklich

Coole skandinavische Designs
und Wohnaccessoires

Mitte

Rosenthaler Straße 17, 10119 Berlin

Kauf Dich Glücklich zählt zu den wenigen Läden, in denen du eigentlich blind alles kaufen kannst, ohne etwas falsch zu machen. Die Eigenmarke hat ebenso hübsche, cleane Designs wie die zugegeben etwas teureren skandinavischen Labels. Abgesehen von Klamotten kannst du auch schönes Geschirr, tolle Bücher und alles, was sonst noch beim Rumstehen hübsch aussieht, kaufen.

Krasse Individualist*innen werden hier zwar nicht mehr fündig, das macht die Sachen aber nicht weniger hübsch. Und wenn wir ehrlich sind, macht uns trotzdem jeder Kauf ziemlich glücklich.

@kaufdichgluecklich

www.kaufdichgluecklich-shop.de

Lovely Day

Hochwertige, vegane Naturkosmetik made in Berlin

Neukölln

Emser Straße 126, 12051 Berlin

Nicht nur Lebensmittel können das Vegan-Logo tragen, sondern auch Kosmetika, und das finden wir ziemlich super. Wer auch lieber tierversuchsfrei und dazu noch natürlich und wohltuend für den Körper Kosmetika shoppen will, muss aber nicht immer zu den Öko-labels im Bioladen greifen, denn auch hier hat sich in den letzten Jahren einiges getan.

„Make Naturkosmetik great (again)!" ist auch das Motto von Lovely Day, wo du wahnsinnig schön verpackte und gut verträgliche Naturkosmetik kaufen kannst. Genauso schön wie Aesop und dabei noch vegan? We like!

⊙lovely_day

www. lovelyday.com

76

Mykita

Abgefahrene und handgefertigte Brillengestelle von Mykita

Charlottenburg
Budapester Straße 38–50, 10787 Berlin

Mensch, Mykita ist wirklich so was von hip. Aber auch so was von teuer. Man traut es sich kaum zu sagen, aber los geht's bei 400 Euro aufwärts … Doch wer mal eine echt abgefahrene Brille von Damir Doma in der Farbe Forest Green haben möchte, der ist hier genau richtig. Man gönnt sich ja sonst nichts.

@mykitaofficial
www.mykita.com

Tipp
Mykita findest du auch in der Rosa-Luxemburg-Straße 6 in Mitte!

Ocelot

Das neue Lieblingsbuch entdecken und Kaffee trinken

Mitte

Brunnenstraße 181, 10119 Berlin

„Not just another book store" lautet der Untertitel des Buchladens auf der Brunnenstraße, und das merkt man: die Auswahl ist groß, aber besonders, und die Beratung so präzise, als würdest du langjährige Freund*innen nach einem Buchtipp fragen. Gemütlich genug zum Hinsetzen, Schmökern und Limotrinken ist es sowieso, und das dazugehörige Café serviert dir auch noch kleine Snacks – genial.

@ocelotberlin

www.ocelot.de

Schepperheyn

Angesagte Unisexstyles aus außergewöhnlichen Materialien made in Neukölln

Neukölln
Wildenbruchstraße 4, 12045 Berlin

Unisex ist in! Das wissen zwar immer noch nicht alle, das nachhaltige Modelabel Schepperheyn aus Neukölln ist aber eines der besten Beispiele, das zeigt, wie gut Unisexmode aussehen kann. Aus außergewöhnlichen und hochwertigen Stoffen – egal ob mit extravaganten Mustern oder klassisch schwarz – entwirft Designerin Verena Schepperheyn Styles, die problemlos über die Laufstege der Londoner Fashion Week oder durch die Straßen Berlins getragen werden können.

Von kastenförmigen Wolljacken über Oversize-Hemden bis hin zu weit geschnittenen Stoffhosen: Schepperheyn verkörpert alles, was sich auf den Straßen der Hauptstadt bewegt.

@schepperheyn
www.schepperheyn.com

Tipp

Die Designs von Schepperheyn werden in Deutschland und Lettland unter fairen Bedingungen produziert.

Solebox

Sich die neuen Lieblingssneakers von einem Roboter reichen lassen

Charlottenburg
Nürnberger Straße 14, 10789 Berlin

Ja, auch in der City West trägt man Sneakers, und tatsächlich befindet sich dort auch einer der fanciesten Sneakerläden Berlins. Neben den klassischen Modellen von Nike, Adidas und Co. kannst du hier auch wirklich ausgefallene, progressive Modelle finden und das zwar nicht unbedingt notwendige, aber dennoch ziemlich coole Feature in dem Laden entdecken: den Solebot, einen Roboter, der dir deine neuen Lieblingsschuhe in der richtigen Größe reicht.

@solebox
www.solebox.com

Soto

Sich von Kopf bis Fuß im Berlin-Mitte-Schick einkleiden

Mitte
Torstraße 72, 10119 Berlin

Beim Soto Store in der Torstraße handelt es sich eigentlich nicht nur um ein Geschäft, sondern um gleich zwei benachbarte Geschäfte, die in Mitte tonangebend schicke Mode verkaufen. Im preislich gehobenen Segment findest du hier von unseren Lieblingsschwed*innen der Acne Studios über die französische Marke Maison Kitsuné bis zum Münchner Durchstarterlabel A Kind of Guise alles, was das Herz begehrt und der Kontostand erlaubt (oder den Kreditrahmen ausreizt). Das Sortiment umfasst dabei von den Schuhen bis zur Sonnenbrille eine komplette Männergarderobe.

@sotostore
www.sotostore.com

Stereoki

Angesagte Labels und coole Berliner Designer*innen

Friedrichshain
Gabriel-Max-Straße 18, 10245 Berlin

Dass Friedrichshain oft völlig zu Unrecht als nur mittelcool beschrieben wird, zeigt das Stereoki. Hier kannst du nämlich nicht nur bekannte Brands wie Adidas oder Herschel shoppen, sondern auch durch coole Klamotten junger Labels stöbern, die du bisher vielleicht verpasst hast.

Neben Rucksäcken, Holzuhren von WeWood und anderen Accessoires gibt's auch tolle Klamotten, die nach Farben sortiert sind. Einziges Manko: Hier findest du nur Männerkollektionen. Aber im 21. Jahrhundert ist ja längst alles unisex tragbar.

@stereoki
www.stereoki.com

The Botanical Room

Schöne Pflanzen und passende Töpfe
junger Keramiker*innen

Kreuzberg
Manteuffelstraße 73, 10999 Berlin

Des*r Berliner*in bester grüner Freund heißt nicht mehr Cannabis,
sondern Monstera und Bogenhanf. Das sind keine neuen medizinischen
Grassorten, sondern hübsche Zimmerpflanzen, die in keinem Berliner
Altbau fehlen dürfen. Im Botanical Room kannst du dich zwischen
vielen verschiedenen Grün- und Luftpflanzen sowie Kakteen und Sukkulenten entscheiden. Die passenden Töpfe gibt's gleich dazu.

⌾ thebotanicalroom
www.thebotanicalroom.com

Tipp
Direkt um die Ecke ist die Buchhandlung Zabriskie, die nicht nur wunderschön
aussieht, sondern auch tolle Bücher über Natur, Kultur und alles andere hat.

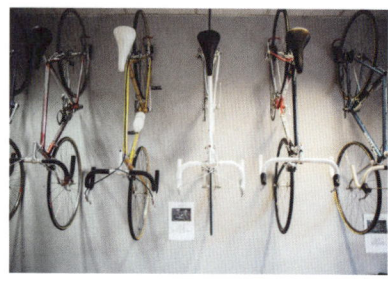

Vintage Vélo

Sich blitzverlieben in wunderschön restaurierte Vintage-Räder

Friedrichshain
Petersburger Platz 2, 10249 Berlin

Was auf dem Land der neue Kombi, ist in Berlin das neue Vintage-Rennrad, denn seit geraumer Zeit fährt jede*r, der*die etwas auf sich hält, Rad. Wer kein Rad von der Stange haben will oder einfach den Gedanken gut findet, auf einem Zweirad mit Geschichte durch die Stadt zu heizen, der sollte mal bei Vintage Vélo vorbeisteppen. In dem Laden gibt es wunderschöne alte Rennräder, die mit viel Liebe aufbereitet wurden. Wer lieber selbst an seinem Rad schraubt, bekommt hier außerdem viele Ersatzteile.

ⓞ vintageveloberlin
www.vintageveloberlin.de

Umweltbewusst

Für uns bedeutete „fair produziert" jahrelang Klamotten aus Hanf und mittelcoole Designs von Hess Natur. Inzwischen hat sich das Ökorad zum Glück weitergedreht, denn es gibt unfassbar viele Labels und Concept Stores, die bewusst darauf achten, fair produzierte Waren anzubieten.

S
T
I
L

Von Kleidung über Schmuck bis hin zu Wohnaccessoires und Schuhen: In Berlin kannst du supereasy auf den Green-Lifestyle-Train aufspringen, und am besten verlässt du ihn gar nicht mehr, es ist nämlich schön hier!

A–Z

1 Dear Goods
2 Folkdays
3 Homage Store
4 Hund Hund
5 Konk
6 Loveco
7 Monkind
8 Standard Saubere Sachen
9 The Goods
10 UY Studio
11 Wertvoll

Dear Goods

Vegan, fair und nachhaltig: ohne schlechtes Gewissen bei Dear Goods stöbern

Prenzlauer Berg
Schivelbeiner Straße 35, 10439 Berlin

Dear Goods haben gleich drei Herzen: für Mensch, Tier und Umwelt. Ihre fair, vegan und nachhaltig hergestellte Mode verbindet Spaß mit Verantwortung und sieht dabei noch richtig gut aus. Mal verspielt, mal ganz clean und unifarben: Dear Goods ist die Adresse für Basics zu fairen Preisen und das ein oder andere schillernde Trendteil.

@deargoods
www.deargoods.com

Folkdays

Schöne Wohnaccessoires und tolle Klamotten bei Folkdays

Kreuzberg
Manteuffelstraße 19, 10997 Berlin

S
T
I
L

Folkdays ist der Allrounder unter den fairen Labels, denn im Shop in Kreuzberg bekommst du nicht nur fair gehandelte Klamotten, sondern auch Einrichtungsdeko. Die Gründerinnen reisen um die ganze Welt auf der Suche nach Menschen, die unter fairen Arbeitsbedingungen tolle Sachen herstellen, mit denen sie gemeinsam ihre Produkte designen.

ⓞ folkdaysberlin
www.folkdays.de

Homage Store

Sich dem Green Lifestyle im Homage Store hingeben

Kreuzberg
Dieffenbachstraße 15, 10967 Berlin

Nach Massenware suchst du im Homage Store vergeblich, denn die Gründer*innen des hübschen Concept Store arbeiten am liebsten und eigentlich ausschließlich mit kleinen Labels, die fair und in begrenzter Stückzahl produzieren.

Mit den meisten Labels verbindet sie inzwischen eine echte Freundschaft. Hier wird Wert auf Nachhaltigkeit und Qualität gelegt, und sollte wider Erwarten doch einmal etwas kaputtgehen oder Mängel haben, werden die Sachen von der benachbarten Näherei repariert. Auf gute Nachbarschaft!

@homagestoreberlin
www.homagestore.com

Tipp
Du solltest unbedingt hungrig in den Graefekiez kommen, denn direkt um die Ecke sind die Kaffeebar, das Datscha und das Lecko Mio.

Hund Hund

Nachhaltig produzierte, zeitlose Designs made in Berlin

Gesundbrunnen
Böttgerstraße 16, 13357 Berlin

Die Kollektionen des jungen Berliner Labels Hund Hund sind gleich doppelt nachhaltig: Sie werden fair und mit ökologischen, hochwertigen Stoffen in Europa produziert (das hat natürlich auch seinen Preis), und dank ihrer klaren Formen und zeitlosen Designs überdauern sie die ein oder andere Berliner Mode-Eskapade.

Was als Onlineshop begann, hat inzwischen sein Zuhause in einem unglaublich schönen brutalistischen Bau von Arno Brandlhuber gefunden, wo Studio und Store gleichermaßen Platz finden. Um hier zu shoppen, musst du dich zwar vorher anmelden, dafür bleiben dir aber die überfüllten Kabinen an einem Samstag bei COS erspart.

@hundvonhund
www.hundhund.com

Tipp
Im Erdgeschoss des Baus findest du das nette Restaurant Baldon.

Konk

Secondhand-Kleider, kleine Berliner Labels und filigraner Schmuck

Mitte
Kleine Hamburger Straße 15, 10117 Berlin

Wände in zartem Lavendel, leuchtende Stoffe und dezente Muster laden bei Konk zum (Mode-)Träumen ein. Der Laden präsentiert eine liebevolle Auswahl von Stücken von Berliner Designer*innen mit eindrucksvollem Stil, die – wie sollte es anders sein? – Wert auf lokale, faire und hochwertige Produktion legen. Obendrauf gibt's filigranen Schmuck, heiße Sonnenbrillen und schicke Taschen. Da will man gar nicht mehr aufwachen!

@konkberlin
www.konk-berlin.de

Loveco

All green everything: Bei Loveco gibt's nachhaltige, faire und vegane Designs

Schöneberg
Eisenacher Straße 36–37, 10781 Berlin

Loveco ist Berlins größter Concept Store für Fairtrade-Kleidung und vegane Mode. Mit einer beachtlichen Auswahl an schönen Jeans und vielen stilvollen Basics ist der Laden ein Paradies für Kombinierkünstler*innen. Außerdem engagiert sich das Team von Loveco für die Umwelt: Der Strom ist aus erneuerbaren Energien, der Warenversand klimaneutral und die Einrichtung secondhand – Chapeau!

loveco.shop
www.loveco-shop.de

Tipp
In Friedrichshain und Kreuzberg gibt's auch Loveco-Stores, der in Schöneberg ist aber der schönste.

Monkind

Nachhaltige und schlichte Kindermode kaufen bei Monkind

Schöneberg
Crellestraße 3–4, 10827 Berlin

Du willst deine Töchter nicht in rosafarbene Kleider mit Sternchen, Glitzer und Rüschen stecken und deinen Jungs keine Print-Shirts mit Dinos oder Rennautos anziehen? Bei Monkind findest du hübsche, schlichte und nachhaltige Kindermode. Das kleine Berliner Label von Designerin Valeria hat in der ruhigen Crellestraße sein Studio. Hier findest du außerdem die tollen Bücher von Gretas Schwester, Wohnaccessoires wie handgewebte Körbe oder Poster für Groß und Klein.

☉monkind_berlin
www.monkind.com

Standard Saubere Sachen

Think Green: schöne, faire Mode und hübsche Dinge shoppen

Neukölln
Reuterstraße 53, 12047 Berlin

Hier hält der Name, was er verspricht, denn bei Standard Saubere Sachen werden hübsche, cleane Designs verkauft, ohne Chichi. Neben fair und häufig vegan produzierten Klamotten findest du auch die ein oder andere Spirituose, Wein, tolle Ketten von Berliner Designer*-innen, Pflegeprodukte von Stop The Water While Using Me und wunderschöne kleine Ledergeldbeutel.

Die Menschen, die hier arbeiten, haben außerdem Berlin-untypisch ziemlich Bock in dem Laden zu arbeiten. Statt ungemütlicher Verkaufsgespräche bekommst du Anekdoten zu den Produkten und spannende Geschichten zu den Gesichtern hinter den Produkten erzählt.

@standard.saubere.sachen
www.standard-saubere-sachen.de

The Goods

Ledertaschen und Home Accessoires bei The Goods

Schöneberg
Goltzstraße 13, 10781 Berlin

Seit 2016 gibt es den schönen Store The Goods in der Goltzstraße. Hier bekommst du geflochtene Körbe aus Marokko, handgewebte Kaschmirdecken aus Nepal, stylische Thermosflaschen aus den USA, schlichten Schmuck aus New York und hochwertige Lederprodukte wie Portemonnaies, Taschen und Beutel aus dem hauseigenen Atelier House of Pfeiffer von Katharina Löbbert. Die Mode- und Wohnaccessoires sind handgearbeitete Produkte aus fairer und nachhaltiger Produktion aus Berlin und der ganzen Welt.

@thegoodsberlin
www.the-goods.de

UY Studio

Nach dem Credo
„All Black Everything" shoppen

Neukölln
Pflügerstraße 11, 12047 Berlin

Idan Gilony aus Tel Aviv und Fanny Lawaetz aus Stockholm stellen in ihrem Neuköllner Atelier Mode her, die Berlin-typischer nicht sein könnte. Alles in Schwarz, unisex tragbar, für jedes Alter, jeden Anlass, urban, modern, lässig. Vom Meeting über das feine Dinner bis zur Party kann man sich rund um die Uhr in UY Studio kleiden und ist immer perfekt angezogen.

Die Materialbandbreite reicht von reiner Baumwolle bis hin zu glänzendem Latex. Inzwischen verstecken sich vier feste Designer*innen hinter dem schwarzen Vorhang des Showrooms, die gemeinsam ihre Kollektionen entwerfen. Gefertigt wird, wie könnte es anders sein, auch hinter dem schwarzen Vorhang, die Stoffe kommen dabei von lokalen Händler *innen. Mehr Berlin geht eigentlich nicht.

@uy.studio
www.uy-studio.com

98

Wertvoll

Vegane Lederwaren und tolle Accessoires von Wertvoll

Prenzlauer Berg
Marienburger Straße 39, 10405 Berlin

Wertvoll setzt auf Transparenz in Produktion und Verkauf. Deshalb haben sie im heimeligen Ladengeschäft ein eigenes Icon-Kennzeich-nungssystem, durch das du genau erfährst, wo die Kleidung herkommt und wie sie hergestellt wurde. Neben schönen Klamotten kannst du hier auch die großartigen veganen Lederprodukte von Matt & Nat erwerben – quasi die Kirsche auf der Sahnetorte.

@wertvollberlin
www.wertvoll-berlin.com

Meine erste Wohnung

Wir wissen nicht, wie lange wir schon die Insta-Feeds von hübschen Interieur-Accounts wie Herz & Blut durchgescrollt und dabei gedacht haben: Genau so richten wir unsere Wohnung ein. Ohne die nützliche, aber leider nur so mittelschöne Ikea-Kleiderstange oder das obligatorische Billy-Bücherregal.

Es müssen ja nicht immer die Vitra-Stühle am Esstisch und das String-Regal im Wohnzimmer sein, denn in Berlin gibt es ganz wunderbare Läden, in denen du dir vom nachhaltigen Holzbett über hübsches Porzellan bis hin zu Secondhand- oder Upcycling-Möbeln alle Interieurwünsche erfüllen kannst.

A–Z

1 Basic Berlin
2 Golden
3 Hallesches Haus
4 Kentholz
5 Kiezbett
6 Motel a Miio
7 Pony Hütchen
8 Retro-Nova
9 Urban Industrial
10 Vintage Galore
11 Works Berlin

Basic Berlin

Cleane Designs, gedeckte Farben und tolle Akzente aus Kupfer und Beton

Prenzlauer Berg
Schönhauser Allee 153, 10435 Berlin

Eigentlich gehen wir selten zu Basic. Der Grund dafür ist aber nicht, dass uns nichts gefällt, sondern dass wir uns wirklich schrecklich zusammenreißen müssen, nicht einfach alles zu kaufen. Hier werden alle cleanen Designwünsche erfüllt, die Farben sind gedeckt, Akzente werden mit grünen Pflanzen, Kupfer und Beton gesetzt. Und noch dazu ist alles so schön in Szene gesetzt, dass wir uns ein bisschen wünschen, dass der Laden unser Zuhause sei.

⊚basic_berlin_
www.basic-berlin.de
Tipp
Basic gibt's auch in der Bernauer Straße in Mitte.

Golden

Wunderschöne Pflanzen, Töpfe und Interieur
für ein schönes Zuhause shoppen

Neukölln
Sonnenallee 64, 12045 Berlin

Alle 11 Minuten verliebt sich ein*e Kund*in im Golden. Wir verlieben
uns vermutlich sogar alle 11 Sekunden, denn der Laden ist genau
das, was wir uns alle für unsere Wohnungen wünschen: Die perfekte
Mischung aus hippem Grün, schöner Keramik, Designer*innengeschirr,
Vintage-Kristallgläsern und Kleinigkeiten, die man vielleicht nicht
braucht, aber definitiv gern hätte. Die Besitzerin Gisa ist eigentlich immer im Laden, ist wahnsinnig nett, kann dir Auskunft über die Pflanzen
und alles, was du in dieser kleinen Wunderkammer findest, geben, und
ist immer für einen kleinen Nachbarschaftsschnack zu haben.

@golden_neukoelln
www.golden-neukoelln.de

Tipp

Gisas Mama gehört der Blumenladen Blattgold in der
Weserstraße, wo du schöne Schnittblumen bekommst.

Hallesches Haus

Schlemmen und sein Zuhause aufhübschen im Halleschen Haus

Kreuzberg
Tempelhofer Ufer 1, 10961 Berlin

Im vorderen Teil des Halleschen Hauses befindet sich der General Store, in dem du von hübschen Vasen, wunderbarer Papeterie und Designbüchern über fancy Heftklammern bis hin zu schönen Decken, Pflanzen und tollen Lampen alles bekommst, was du (nicht) brauchst und unbedingt haben willst. Unsere Favoriten: die einzigartigen Lampen aus Ball-Mason-Gläsern.

Im Halleschen Haus kannst du aber nicht nur Geld für sehr schöne Dinge ausgeben, sondern auch für leckeres Essen. Im hinteren Teil hat es sich nämlich das angrenzende Café gemütlich gemacht, wo du nach erfolgreichem Shopping deinen Hunger mit French Toast und pochierten Eiern stillen kannst.

@hallescheshaus
www.hallescheshaus.de

Kentholz

Nachhaltige Designer*innenmöbel aus schönem Terrazzo und recyceltem Holz

Alt-Treptow
Eichenstraße 4, 12435 Berlin

Wer keine Möbel von der Stange, sondern lieber ein Möbelstück mit Geschichte in seiner Wohnung stehen haben möchte – ohne, dass es sofort nach Großmutters Landhaus aussieht –, der*die ist bei dem Berliner Unternehmen Kentholz richtig. Hier wird Altholz liebevoll aufbereitet und mit anderen Materialien zu wunderschönen neuen Lieblingsteilen zusammengebaut.

Besonders schön sind neben den Holztischen, Bänken und Stühlen auch die Terrazzotischplatten, die es in verschiedenen Farben gibt und die es auch schon in das ein oder andere Lieblingscafé von uns geschafft haben. Und wer die Katze nicht im Onlinesack kaufen möchte, kann nach Vereinbarung im Showroom in Alt-Treptow vorbeisteppen.

@kentholz
www.kentholz.com

Tipp
Der Showroom von Kentholz befindet sich bei den Freund*innen von Good old Goods, wo du auch tolles Interieur im Industriedesign bekommst.

Kiezbett

Coole und nachhaltige Echtholzbetten

Friedrichshain
Proskauer Straße 24, 10247 Berlin

Die Jungs und Mädels von Kiezbett wissen, wie man wirklich grüne Möbel baut: Das Holz stammt aus dem Berliner Umland, wo für jeden gefällten Baum auch ein neuer gepflanzt wird, die Betten werden in einer Inklusionswerkstatt gefertigt und innerhalb Berlins und Brandenburgs klimaneutral in einer wiederverwendbaren Verpackung ausgeliefert. Noch dazu sieht das Bett großartig aus. Win-win für die Umwelt und uns, we like!

@kiezbett
www.kiezbett.com

Motel a Miio

Fair produzierte, bunte Keramik von Motel a Miio

Mitte
Münzstraße 11, 10178 Berlin

Wer auf hübsches Geschirr aus fairer Produktion steht, kennt Motel a Miio bestimmt schon. Spätestens seit den Pop-up-Sales in der Kastanienallee sind Berliner Foodblogger*innen große Fans der handbemalten Keramik. Inzwischen gibt es einen permanenten Store in Berlin-Mitte, in dem du die Unikate bestaunen und kaufen kannst.

◎ motelamiio
www.motelamiio.com

 Tipp
Direkt um die Ecke in der Alten Schönhauser Straße gibt es noch einen zweiten Motel-a-Miio-Laden.

Pony Hütchen

Nach alten Schätzen kramen wie bei Oma auf dem Dachboden

Kreuzberg
Pücklerstraße 33, 10997 Berlin

Für alle, die keine Großeltern in Fahrnähe haben, ist Pony Hütchen genau das Richtige, denn hier findest du große, alte Bauernschränke, rustikale Buffetschränke, schöne Emailleeimer und unglaublich viel anderen Kram, den alle Großeltern haben, unsere Eltern hassen und hippe Berliner*innen lieben.

@ponyvintage
www.ponyvintage.de

Tipp
Die Emailleeimer sind auch Eins-a-Blumentöpfe!

Retro-Nova

Retro-Design-Klassiker und geheime Schätze durchstöbern

Moabit

Wilsnacker Straße 32, 10559 Berlin

Egal ob zum Kaufen oder nur zum Stöbern, das Retro-Nova beherbergt so viele Designschätze, dass es nie langweilig wird. Der Stil changiert zwischen DDR-Gedächtniswohnung und echten Klassikern, sodass für jeden Geschmack etwas dabei ist.

@retronovaberlin
www.retro-nova.de

Urban Industrial

Coolen Industrielook für die eigenen vier Wände shoppen

Mitte
Holzmarktstraße 66, 10179 Berlin

Im ehemaligen Buchstabenmuseum in Mitte befindet sich inzwischen ein ziemlich cooler Interieurladen: das Urban Industrial. Betrittst du den Laden, fühlt es sich ein wenig an wie eine Zeitreise. Den Fundstücken, die ihr Dasein in Fabriken, Schulen oder Arztpraxen fristeten, wird hier neues Leben eingehaucht.

Vom Apothekenschrank über Leuchtstoffröhrenschriftzüge bis hin zu Industrielampen, Schreibtischen und Stühlen sowie umfunktionierten Turngeräten findest du hier alles, was das etwas extravagantere Interieurherz begehrt.

@urbanindustrial
www.urban-industrial.de

Vintage Galore

Gut erhaltene original skandinavische Designmöbel entdecken

Neukölln
Sanderstraße 12, 12047 Berlin

Vintage Galore ist der wahrgewordene feuchte Traum aller, die sich für Danish Design interessieren. Von hübschen String-Regalen über klassische Sofas und Sideboards aus den 60ern steht alles im Zeichen von Teakholz und klaren Formen. Und weil Originale eben doch ein bisschen geiler sind als Kopien, kannst du hier alles original aus den 1960ern kaufen.

@vintagegalorestore
www.vintagegalore.de

Works Berlin

Holz und Metall in Love: rustikale Industrieware bei Works Berlin

Weißensee
An der Industriebahn 12–16, 13088 Berlin

Wer es ein bisschen rustikaler und massiver mag, ist bei Works Berlin richtig. Hier findest du alte, oft umfunktionierte Industrieware – von Lampen und Stühlen über Regale und Tische. Aber Achtung: Auch alte Metallteile haben ihren Preis. Works Berlin verkauft hauptsächlich online, vorbeischauen kannst du nach Vereinbarung.

@worksberlin
www.worksberlin.com

Style und kein Geld

In Berlin gibt es zig hübsche Concept Stores, Studios und Boutiquen. Dort einzukaufen funktioniert leider aber meistens nur Anfang des Monats, denn ein Mantel bei Acne Studios kostet in etwa so viel wie eine Monatsmiete.

Wer trotzdem nicht auf ein regelmäßiges Update des Kleiderschranks verzichten will, sollte sich dem Berliner An- und Verkauf widmen. Denn es gibt hier natürlich auch zahlreiche Secondhand- und Vintage-Shops oder Flohmärkte, auf denen du alte Sachen verkaufen und neue, besondere Schätze kaufen kannst. Das tut nicht nur dem Kleiderschrank, sondern auch dem Kontostand gut.

A–Z

1 Berliner Trödelmarkt
2 Garments Vintage
3 Kleiner Laden
4 Loretta
5 Paul's Boutique Mitte
6 Repeater
7 Soeur Berlin
8 Sometimes Coloured
9 Veist
10 Vintage Berlin
11 Vintage Revivals

Berliner Trödelmarkt

Über den ersten Berliner Trödelmarkt flanieren und stöbern

Charlottenburg
Straße des 17. Juni 110–114, 10623 Berlin

Wir lieben diesen Flohmarkt nicht nur aufgrund seiner Lage auf der Straße des 17. Juni, direkt vor dem großen Torbogen am Salzufer, sondern auch weil er im Gegensatz zum viel zu großen, viel zu vollen und viel zu ramschigen Mauerpark-Flohmarkt wunderbar übersichtlich ist, aber trotzdem genug Auswahl hat, um darin schöne Dinge zu finden. Wer außergewöhnliche Unikate für die eigene Wohnung, besondere Geschenke und handgemachte Bilder, Mode, Keramik, Schmuck oder Holzspielzeug sucht, der*die ist hier jeden Samstag und Sonntag ab 10 Uhr genau richtig.

www.berlinertroedelmarkt.com

Garments Vintage

Berühmte Designer*innen zu überraschend fairen Preisen

Mitte
Linienstraße 204, 10119 Berlin

Wüssten wir nicht, dass man bei Garments vintage shoppt, würden wir es dem Laden auf den ersten Blick nicht ansehen. Und vielleicht auch nicht auf den zweiten, denn der Laden ist aufgeräumt, hübsch dekoriert und könnte genauso gut die neuesten Teile eines*r angesagten Newcomer-Designer*in beherbergen. Tut er aber nicht.

Stattdessen gibt es alte Klassiker von Chanel, Moschino und anderen tollen Designer*innen für überraschend wenig Geld. Schuhe, ziemlich ausgefallenen Schmuck und andere Accessoires gibt's noch obendrauf, sodass du dir hier das perfekte neue Outfit zusammensuchen kannst.

@garments_vintage
www.garments-vintage.de

Kleiner Laden

Vintage-Teile und eine tolle Beratung im Kleinen Laden

Schöneberg
Goltzstraße 15, 10781 Berlin

Der Kleine Laden in der Goltzstraße sieht nicht aus wie ein typischer Secondhand-Shop und es riecht auch nicht so gammelig-alt wie in vielen anderen Vintage-Läden. In der kleinen Boutique findest du Paillettenjäckchen, Kaschmirkleider, Lederröcke und Seidenblusen, Haarschmuck und Schuhe.

Anabela und Nina, die beiden Inhaberinnen, haben ihren Laden 2007 eröffnet, freuen sich, Kund*innen zu beraten, und achten bei der Auswahl der Kleidungsstücke auf einen guten Zustand und aktuelle modische Trends.

Loretta

Angesagte Labels wie Vans, Levi's und Cheap Monday einkaufen

Prenzlauer Berg
Oderberger Straße 35, 10435 Berlin

Bei Loretta findest du alles, was sich derzeit auf Berlins Straßen bewegt. Von den Levi's-Mom-Jeans über die klassischen Vans bis hin zur coolen Ray-Ban-Sonnenbrille gibt es hier Mode von aktuellen Labels zu angenehmen Preisen. Außerdem hat bei Promi Shopping Queen der viertschönste Mann Berlins, Jochen Schropp, bei Loretta eingekauft. Und der weiß, wie man sich gut anzieht.

@loretta.vintage
www.loretta-vintage-clothes.de

Paul's Boutique Mitte

Fred Perry, Lacoste, Dr. Martens und Co. günstig und gebraucht

Mitte

Torstraße 76, 10119 Berlin

Wer trotz Secondhand nicht unbedingt auf Marken verzichten will oder verständlicherweise zu geizig ist, 80 Euro für ein Polo-Shirt zu bezahlen, der ist bei Paul's in der Torstraße genau richtig. In dem winzigen Laden gibt's Dr. Martens, Fred Perry und alle anderen coolen Marken in bezahlbar. Und ehrlich gesagt: Getragen sehen Dr. Martens irgendwie eh besser aus, oder?

@chaptermitte

www.paulsboutiqueberlin.de

Tipp

Der Besitzer von Paul's Boutique, der eigentlich Frank heißt, von allen aber Paule genannt wird, hat in der Oderberger Straße noch zwei weitere Stores.

Repeater

Vintage-Strickpullis und Lederblousons
en masse

Neukölln
Pannierstraße 45, 12047 Berlin

Wenn wir auf der Suche nach alten Levi's-Jeans oder Jeansjacken, bunten Hemden oder Lederjacken in jeder erdenklichen Form sind, dann steppen wir beim Repeater vorbei. Der Laden ist bis oben hin mit coolen Secondhand-Klamotten vollgestopft und hat dabei alles, was das hippe Berlinherz sich so wünscht.

⊚repeater_berlin
www.paulsboutiqueberlin.de

Soeur Berlin

Designer*innenmode für Frauen*
für kleineres Geld

Prenzlauer Berg
Marienburger Straße 24, 10405 Berlin

Du willst angesagte Designer*innen tragen, aber musst dir eingestehen, dass dein Geldbeutel das überhaupt nicht hergibt? We got you covered. Im Soeur Berlin gibt es schöne Designer*innenmode für Frauen* zu Preisen, die den Puls nicht exponentiell zu deinem Minus auf dem Konto in die Höhe schnellen lassen. Von der Sonnenbrille bis zu den Schuhen und der Handtasche kannst du dich hier einmal komplett neu erfinden oder deinem alten Look ein paar hübsche Akzente hinzufügen.

◎ soeur_berlin
www.soeur.tumblr.com

Tipp

Hier verkaufen auch viele Schauspielerinnen* und andere Promis, die im Bötzow- oder Winskiez leben, ihre Klamotten.

Sometimes Coloured

Hochwertige Designer*innenklamotten
zu fairen Preisen

Friedrichshain
Grünberger Straße 90, 10245 Berlin

Statt Klamotten, die so auch bei unseren Großeltern im Schrank hängen könnten, gibt es bei Sometimes Coloured hochwertige Kleider von namhaften Designer*innen wie Louis Vuitton, Miu Miu und Moschino. Für die Minimalist*innen gibt's aber auch skandinavische Labels wie Filippa K und Samsøe & Samsøe oder COS und & Other Stories.

@sometimes_coloured_berlin
www.prlvd.de/sometimes-coloured

Veist

Secondhand-Kleidungsstücke, die eine Geschichte erzählen, entdecken

Neukölln
Selchower Straße 32, 12049 Berlin

„In diesem Kleid habe ich meinen jetzigen Ehemann kennengelernt." Was erst einmal etwas seltsam klingt, ist in Wahrheit eine ganz wundervolle Idee, denn bei Veist bekommst du nicht nur schöne Secondhand-Kleidung, sondern auch immer eine romantische, wilde oder komische Geschichte dazu.

An jedem Kleidungsstück ist ein kleiner Zettel mit persönlichen Worten der Vorbesitzer*innen angeheftet, die erzählen, was dieses Kleidungsstück besonders macht. Neben absoluten Klassikern wie Versace-Blusen und Hermès-Tüchern, sind hier auch schöne Lederjacken, Kleider und Jeans von anderen Marken oder ganz ohne Label zu finden.

www.veistberlin.com

 Tipp

Du hast auch ein Kleidungsstück mit Geschichte, das du nicht mehr trägst? Dann kannst du es hier auf Kommission abgeben und jemand anderem eine Freude machen.

Vintage Berlin

Styles aus den 50ern, 60ern und 70ern durchstöbern, shoppen und leihen

Alt-Treptow
Karl-Kunger-Straße 54, 12435 Berlin

Zugegeben, der Name ist nicht allzu einfallsreich – im Gegensatz zum Konzept des Ladens, denn du kannst hier die Klamotten nicht nur kaufen, sondern auch leihen. Von den 20ern bis zur Hippiezeit ist eigentlich jede Modeepoche vertreten und, dank des Leihsystems, auch für jeden noch so kleinen Geldbeutel zumindest auf Zeit leistbar.

@_vintage_berlin_
www.vintageberlin.de

Vintage Revivals

Modisch in die 70er- und 80er-Jahre Großbritanniens eintauchen

Prenzlauer Berg
Schönhauser Allee 127, 10437 Berlin

S
T
I
L

It's Britain, B**ch. Vintage Revivals lieben wir allein schon wegen seiner großartigen Fotos auf Instagram. Das Wort „Vintage" wird hier ernst genommen, und so glaubt man beim Blick auf den Instagram-Kanal, in den 70ern oder 80ern gelandet zu sein.

Wie schön, dass wir die Mode auf den Bildern direkt im Store in der Schönhauser Allee kaufen können. Der Laden ist groß, anders als die meisten Vintage-Shops ziemlich aufgeräumt, und das Beste ist: Es riecht überhaupt nicht nach Secondhand.

@vintage.revivals
www.vintagerevivals.de

Tipp

Auf den Kleiderstangen hängen Mood-Fotos wie bei & Other Stories,
damit man weiß, wie man die Teile geil kombinieren kann.

Erlebnis

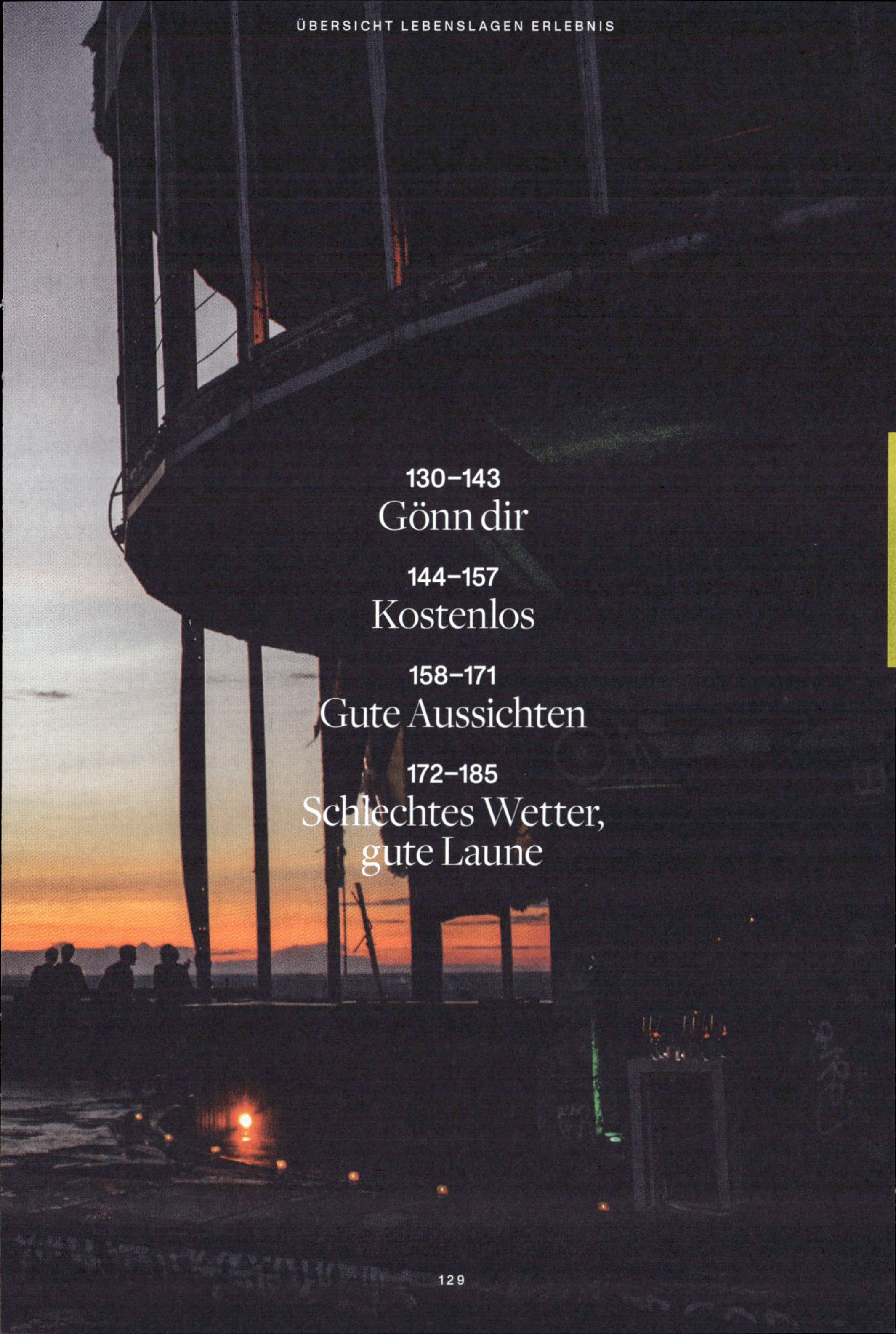

Gönn dir

Cash Money Money! Du hast eine Gehaltserhöhung bekommen, deinen Bausparvertrag aufgelöst, dich mit den Hamadis eingelassen und kassierst jetzt Schutzgeld oder du hast einfach nur so Lust, unverschämt viel Geld auszugeben, im Spa gleich noch eine Massage dazuzubuchen oder im KaDeWe mit einem Personal Shopper einzukaufen, um anschließend Austern und Champagner zu schlürfen? We feel you!

Und genau deswegen schicken wir die Vernunft auch gern mal in den (unbezahlten) Urlaub, um unser Geld richtig schön zu verprassen und uns ordentlich was zu gönnen.

A–Z

1 Berlin Liquide
2 Deutsche Spirituosen Manufaktur
3 Goldhahn und Sampson
4 KaDeWe
5 Michelberger Hotel & Restaurant
6 Park Inn
7 Saunafloß Havel
8 Staatsoper Unter den Linden
9 Teufelsberg
10 Vabali
11 Wellenwerk

Berlin Liquide

Mit dem Boot in den
Sonnenaufgang schippern

Mitte
Historischer Hafen, Fischerinsel 3, 10179 Berlin

Wir alle kennen die riesigen Boote, die auf dem Landwehrkanal und entlang der Museumsinsel voll beladen mit Tourist*innen rumschippern. Und wir alle denken uns wohl jedes Mal, wenn wir sie sehen, dass wir so eine Bootstour nie machen werden. Insgeheim durchstreifen wir ja aber alle gern mal Berlin vom Wasser aus, nur eben ohne Touriboot.

Genau das kannst du jetzt bei Berlin Liquide, denn hier mietest du gleich das ganze Boot samt Skipper und kannst so private kleine Touren mit bis zu 15 Personen machen. Du kannst zwischen verschiedenen Touren wählen, ein besonderes Highlight ist die Early-Bird-Tour, bei der du Berlin in den frühen Morgenstunden erkundest, wenn alles noch schläft – oder tanzt.

@berlinliquide
www.berlinliquide.com

Deutsche Spirituosen Manufaktur

In einem exklusiven Workshop deinen eigenen Gin destillieren

Marzahn
Georg-Knorr-Straße 4, 12681 Berlin

Der*die gemeine Berliner*in trinkt schon lange nicht mehr von der Stange. Statt auf Massenware setzen die meisten inzwischen auf hochwertige Spirituosen von Berliner Manufakturen. Egal ob Gin, Wodka oder Likör, am besten schmeckt es, wenn die Spirituose mit Liebe gemacht ist. Diesem Motto folgen auch die durstigen Köpfe hinter der Deutschen Spirituosen Manufaktur, wo du nicht nur exklusive Spirituosen kaufen, sondern in Workshops sogar selbst herstellen kannst. Das Ergebnis darfst du anschließend natürlich mit nach Hause nehmen.

@dsm_berlin
www.berlin-tasting.de

Tipp
Wenn du lieber ein Level tiefer starten willst, kannst du hier auch erst mal ein Tasting machen.

ERLEBNIS

133

Goldhahn und Sampson

Kochen lernen und leckere Feinkost shoppen

Prenzlauer Berg
Dunckerstraße 9, 10437 Berlin

Gutes Essen mag jede*r, und wenn man das gute Essen dann auch noch selbst zubereiten kann, sind die traurigen Abende allein mit Tiefkühlpizza gezählt.

Bei Goldhahn und Sampson kannst du deswegen Kochkurse zu fast jeder denkbaren Küche machen. Vom kaiserlichen Klößekochkurs über Royal Thai Cuisine bis hin zu persischer vegetarischer Küche ist alles dabei. Außerdem gibt es hier ausgewählte Weine, und aus dem angrenzenden Feinkostladen kannst du dir noch ein paar Köstlichkeiten für zu Hause mitnehmen.

@goldhahnsampson
www.goldhahnundsampson.de

 Tipp

Du hast im Urlaub die beste Schokolade der Welt gegessen? Bring sie mit, vielleicht landet sie dann im Sortiment, das auch von Kund*innen mitgestaltet wird.

KaDeWe

Sich von einem Personal Shopper einkleiden lassen und dann Champagner schlürfen

Schöneberg
Tauentzienstraße 21–24, 10789 Berlin

Das KaDeWe ist das Sinnbild der Berliner Dekadenz. Es zählt nicht nur zu den berühmtesten Einkaufshäusern, sondern hat auf der sechsten Etage auch die größte Feinkostabteilung Europas.

Auf allen übrigen Etagen findest du alles, was das Luxusherz begehrt, und damit sich die Schickeria nicht selbst durch die ganzen Etagen wühlen muss, gibt es auf der fünften Etage einen exklusiven Personal Shopping Service, bei dem die Mitarbeiter*innen eine Produktauswahl zusammenstellen, die man sich dann in einer Shopping Suite bei einem Glas Champagner genauer ansehen kann. Der Service ist kostenlos und kann von allen in Anspruch genommen werden. Wieso also nicht einen Termin buchen, shoppen und anschließend Champagner und Austern schlürfen? So viel Luxus ist fast schon ein bisschen obszön, aber irgendwie auch ziemlich geil.

ⓘkadeweofficial
www.kadewe.de

Tipp

Wem Austern dann doch nicht schmecken, der*die kann sich auf der sechsten Etage bei BRLO Chicken & Beer mit Pommes, Hähnchen und Bier sättigen.

Michelberger Hotel & Restaurant

Übernachten und essen im
Michelberger Hotel & Restaurant

Friedrichshain
Warschauer Straße 39–40, 10243 Berlin

Das Michelberger Hotel ist eines unserer liebsten Hotels in Berlin und wenn wir uns mal aus den eigenen vier Wänden stibitzen und entspannen wollen, gönnen wir uns gern ein Wochenende hier. Der Grund: Die Hotelzimmer sind wunderschön, mit Regendusche und teilweise Badewanne sowie gemütlichen Super-Kingsize-Betten ausgestattet – es gibt sogar Zimmer mit eigener Sauna –, die Menschen sind freundlich und hin und wieder steigen hier auch unsere Lieblingsmusiker*innen ab.

Kulinarisch ist das Michelberger genauso beeindruckend. Im Restaurant gibt es saisonale und lokale Küche. Auf der Karte stehen unter anderem Himmel und Erde, Zanderfilet, fermentiertes Gemüse und schokoladiger Nachtisch. Zum Frühstück gibt's im hauseigenen Café – das sich abends in eine coole Weinbar verwandelt – Brot aus der eigenen Bäckerei und Gemüse von der eigenen Michelberger-Farm. Alle Zutaten sind aus biologischer Landwirtschaft oder kommen direkt von Landwirt*innen des Vertrauens.

@michelbergerhotel
www.michelbergerhotel.com

 Tipp

Das Michelberger hat ein ganz tolles Rahmenprogramm, im wunderschönen Innenhof finden immer wieder coole Events und Konzerte statt.

Park Inn

Beim Base Flying den Adrenalinpegel steigen lassen

Mitte
Alexanderplatz 7, 10178 Berlin

Beim Base Flying fliegst du, angeseilt an eine Spezialkonstruktion, vom Dach des Park-Inn-Hotels 125 Meter in die Tiefe. Freefall-Tower next level sozusagen, denn erst kurz vorm Boden wirst du sanft abgebremst und erreichst so fast das Gefühl vom freien Fall.

Damit dir deine Freund*innen auch glauben werden, dass du so irre warst und dich von einem Hotel gestürzt hast, gibt's eine Urkunde und gegen einen Aufpreis sogar Fotos und Videos von deinem Sprung. Wir sind uns allerdings nicht sicher, wie entspannt dein Gesicht beim Fall in 125 Meter Tiefe aussehen wird.

www.base-flying.de

Saunafloß Havel

Schwitzen und schwimmen: vom Saunafloß direkt in die Havel hüpfen

Grunewald
Havelchaussee 107, 14055 Berlin

Auf der Havel gibt es ein neues Highlight, das unsere Herzen erobert hat: das Saunafloß. Das Floß besteht komplett aus Holz und wird sogar mit einem Holzofen beheizt, was sich beim Saunagang positiv auf das Aroma und die angenehme Hitze auswirkt.

In der Sauna selbst haben vier Personen Platz, aufs gesamte Floß dürfen acht Personen. Als wäre so ein Saunafloß nicht schon genial genug, kannst du von der Sauna aus durch zwei Fenster aufs Wasser schauen, während das Floß entweder mit Steuermann/-frau vor sich hin tuckert oder vor Anker liegt.

@saunafloss
www.saunafloss.info

ERLEBNIS

Staatsoper Unter den Linden

Opern, Ballette und Konzerte in der majestätischen Staatsoper besuchen

Mitte

Unter den Linden 7, 10117 Berlin

Zugegeben, wir sind jetzt nicht gerade die klassischen Operngänger*innen, das bedeutet aber nicht, dass wir uns nicht hin und wieder gern von Puccini, Verdi, Beethoven und Co. verzaubern lassen wollen.
Statt in Jeans und Hoodie schlüpfen wir dann in unsere hübsche Abendgarderobe, schnappen uns unsere Liebsten und flanieren Unter den Linden entlang und genießen Opern, Konzerte und Ballette im wohl majestätischsten Haus der Stadt. In der Pause schlürfen wir ein Gläschen Crémant. Und vielleicht luschern wir auch heimlich ins Programmheft, sollten wir ausnahmsweise mal nicht ganz genau verstehen, wovon der Spaß handelt.

staatsoperberlin

www.staatsoper-berlin.de

Teufelsberg

Action-Schnitzeljagden durch verlassene Berliner Ruinen

Grunewald
Teufelsseechaussee, 14055 Berlin

Wer schon mal am Wochenende auf dem Teufelsberg war, weiß, wie voll es werden kann. Wie schön es doch wäre, den ganzen Teufelsberg für sich zu haben. Let me tell you: Das geht! Zumindest für einige Stunden, denn die coolen Menschen von Natural Touring bieten verschiedene Action-Schnitzeljagden an, auf denen du mit deinen Freund*innen den Teufelsberg bzw. die Abhörstation ganz neu entdecken kannst.

Bei den Missions (Im-)Possibles kannst du dich von der Abhörstation abseilen, durch Geheimgänge klettern, Bomben entschärfen und Spuren lesen – und am Ende gewinnt ihr als Team nicht nur den einmaligen Ausblick und aufregende Erlebnisse, sondern auch einen kleinen Preis, yeah.

www.natural-touring.de/mission-teamevent-agenten

Tipp

Mit größeren Gruppen kannst du das Ganze auch im Alten Kraftwerk Rummelsburg machen.

Vabali

Saunen und Dampfbäder so weit das Auge reicht: im Vabali gemütlich wellnessen

Moabit
Seydlitzstraße 6, 10557 Berlin

Wäre es nicht awkward, neben seinen Chef*innen in der Sauna zu schwitzen, würden wir vermutlich sogar unsere Weihnachtsfeier im Vabali feiern, denn wir lieben es hier einfach.

Im Vabali bist du mitten in der Stadt und gleichzeitig im fernen Osten, entspannst zwischen Teak und Bambus, hast die Wahl zwischen 13 Saunen und Dampfbädern, zahlreichen Aufgüssen und Ruheoasen. Zusätzlich gibt es viel Raum für Special Treatments und Massagen. Im Sommer kannst du im wunderschönen Garten entspannen und theoretisch sogar ins angrenzende Fitnessstudio gehen. Aber wir reden hier ja davon, dass du dir etwas gönnst, und, nun ja, ein Extraset Squats zählt da für uns nicht unbedingt zu.

@vabali_spa_berlin
www.vabali.de

Wellenwerk

Auf der weltweit höchsten Indoor-Welle surfen und neue Tricks üben

Lichtenberg
Landsberger Allee 270, 10367 Berlin

Von wegen Berlin liegt nicht am Meer! Seit November 2019 haben die Jungs und Mädels vom Wellenwerk mit einer 1,6 Meter hohen Indoor-Welle der Hauptstadt einen kleinen, aber feinen Direktzugang zum Meer gelegt. Dadurch, dass man sowohl die Geschwindigkeit als auch die Höhe der Welle manuell einstellen kann, kommst du hier als Anfänger*in oder Profi auf deine Kosten. Ein Kurzurlaub ans Meer der besonderen Art – jetzt, wo das in Berlin möglich ist, möchte hier wirklich niemand mehr weg, oder?

@wellenwerk
www.wellenwerk-berlin.de

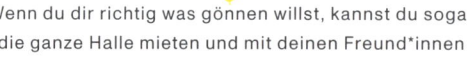

Tipp

Wenn du dir richtig was gönnen willst, kannst du sogar
die ganze Halle mieten und mit deinen Freund*innen
so viel surfen, wie du willst.

142

Leben am (Dispo-)Limit: Wenn der Rubel nicht rollt, dein Portemonnaie nicht prall mit Geld-, sondern mit Schuldscheinen gefüllt ist und du dich nicht mal mehr erinnern kannst, welche Farbe ein Fuffi hat (von allem darüber brauchen wir gar nicht erst anfangen), haben wir ein paar Zuckerstücke für dich.

Als Experte in Sachen Schulden und Pleitesein hat Berlin nämlich für jeden finanziellen Engpass ein paar kostenlose Asse im Ärmel. Von Konzerten über Ausstellungen bis hin zu Freiluftkino gibt's in Berlin ziemlich viel Entertainment für lau.

ERLEBNIS

Adidas Playground

Kostenlos auspowern auf den Adidas Playgrounds

Alt-Treptow
Insel der Jugend, Alt-Treptow 6, 12435 Berlin

Du hast keinen Bock, im Sommer im Fitnessstudio abzuhängen, oder gehst, wenn du ehrlich bist, viel zu unregelmäßig hin, als dass sich der monatliche Beitrag irgendwie lohnen würde? We feel you. Und weil uns das ganz genauso geht, haben wir uns ziemlich gefreut, als wir die Playgrounds entdeckt haben.

Hier kannst du kostenlos und draußen an Klimmzugstangen, Hangelleitern, Sprossenwänden, Stepboxen oder Push-up-Bars deine Muskeln stählen, deinen Lauf mit einem kurzen Krafttraining ergänzen oder einfach den meistens ziemlich schönen, durchtrainierten und oberkörperfreien Boys dabei zusehen.

Tipp

Besonders cool sind die Playgrounds auf der Insel der Jugend und im Volkspark Friedrichshain.

Bethanien

In einem ehemaligen Krankenhaus zeitgenössische Kunst gucken

Kreuzberg

Mariannenplatz 2, 10997 Berlin

Wer Kunst und schöne alte Gebäude liebt, wird auch den Kunstraum Kreuzberg / Bethanien mögen. Im 1847 erbauten, ehemaligen Diakonissen-Krankenhaus am Mariannenplatz finden sich heute Gruppen- und Themenausstellungen zu sozialen und kulturellen Gegenwartsprozessen in Auseinandersetzung mit den zeitgenössischen Künsten. Hier kannst du jeden Tag kostenlos vorbeischauen.

ⓘkunstraumkreuzberg

www.kunstraumkreuzberg.de

Tipp

Im Sommer gibt's im Innenhof außerdem ein Open-Air-Kino.

ERLEBNIS

Bouleplatz am Landwehrkanal

Ein Bocciaturnier mit Freund*innen veranstalten und am Kanal entspannen

Kreuzberg
Paul-Lincke-Ufer 13, 10999 Berlin

Bei „Boccia" oder „Boule" denken die meisten vermutlich an glückliche italienische oder französische Großeltern, die in ihrem beschaulichen kleinen Dorf auf dem Marktplatz in der Abendsonne die Kugeln tanzen lassen.

Wenn dir Italien und Frankreich ein bisschen zu weit weg sind, du aber trotzdem nicht auf dieses großartige Spiel verzichten möchtest, kannst du dich auch in Berlin darin messen, wer die große Kugel näher an die kleine bringen kann. Allseits bekannt ist natürlich der Bouleplatz am Paul-Lincke-Ufer, der im Sommer zwar überfüllt ist, auf dem man aber im Frühling noch eine reelle Chance hat, auch zum Wurf zu kommen.

Camera Work

Werke namhafter Fotograf*innen bestaunen

Charlottenburg
Kantstraße 149, 10623 Berlin

In Berlin gibt es zahlreiche Museen und Galerien mit großartig kura-
tierten Ausstellungen und Sammlungen, die Kunsthistoriker*innen
Pipi in die Augen treiben. Pipi treiben einem dann aber auch die doch
nicht ganz günstigen Eintrittspreise in die Augen.

   Gut, dass es noch so tolle Institutionen wie Camera Work gibt,
denn hier werden regelmäßig Fotografien von namhaften Fotograf*-
innen wie Diane Arbus, Russell James oder Richard Avedon kostenlos
ausgestellt, die so schön sind, dass wir sie am liebsten direkt für unser
Wohnzimmer mit nach Hause nähmen.

@cameraworkgallery
www.camerawork.de

Collage Concerts

Konzerten von Studierenden
bei Collage Concerts lauschen

Mitte

Galakutschen-Saal I, Neuer Marstall, Schloßplatz 7, 10178 Berlin

Sehen und hören, was die Musiker*innen von morgen so treiben? Das kannst du bei den Collage Concerts der Hochschule für Musik Hanns Eisler Berlin. Während des Semesters veranstalten die Studierenden nämlich jeden Donnerstag um 14 Uhr ein Konzert, bei dem sie ein spannendes Programm selbst gestalten. Das wechselt jede Woche, und manchmal spielen sie auch Werke erstmals vor Publikum, weswegen Feedback vom Publikum natürlich erwünscht ist. Wir finden die Eigeninitiative super, und wer weiß, vielleicht wird der*die ein oder andere hier ja der nächste Lang Lang?

www.collageconcerts.wordpress.com

Filmrauschpalast

Kostenlos Open-Air-Kino genießen

Moabit
Lehrter Straße 35, 10557 Berlin

Wir lieben Freiluftkino! Und das Schöne am Open-Air-Kino ist nicht nur, dass es draußen ist, sondern auch, dass du den ein oder anderen Film sehen kannst, der im normalen Kinoprogramm nicht läuft. Das Beste am Filmrauschpalast ist allerdings, dass du jeden Freitag und Samstag die Filme auch noch kostenlos zu sehen bekommst.

Das Programm wechselt von recht aktuellen Filmen bis zu absoluten Klassikern, die man immer wieder sehen kann. Und für Unentschlossene gibt es auch noch einen Überraschungsfilm. Also spazier vorbei und genieß den Film.

@filmrauschpalast
www.filmrausch.de

ERLEBNIS

Friedhof Weißensee

Spazieren gehen auf dem Jüdischen Friedhof Weißensee

Weißensee
Herbert-Baum-Straße 45, 13088 Berlin

Normalerweise finden wir Friedhöfe gruselig, alles ist still, man verfällt augenblicklich in einen Flüsterton und die vielen ruhenden Gräber lösen ein unangenehm bedrückendes Gefühl in uns aus. Aber hier ist es irgendwie anders.

Dieser Friedhof ist so unglaublich grün und die Gräber teilweise so nah beieinander, dass man gar nicht an ihnen vorbeilaufen kann und es sich überhaupt nicht anfühlt, als ginge man über einen Friedhof. Auf dem größten Jüdischen Friedhof Europas kann man sich wirklich in der Zeit verlieren und den ganzen Tag schlendern.

www.jewish-cemetery-weissensee.org

 Tipp

Anschließend kannst du dich im Café Happa Happa in der Smetanastraße 17 mit leckerem Kuchen und frisch belegter Focaccia stärken oder eine Runde um den Weißen See drehen.

Kinderbauernhof Pinke-Panke

Den Kinderbauernhof bei der Tierpflege und -fütterung tatkräftig unterstützen

Niederschönhausen
Am Bürgerpark 15–18, 13156 Berlin

Seit fast 30 Jahren gibt es diesen wunderschönen Kinderbauernhof und Erlebnisspielplatz mit dem Namen, der bunte Action verspricht. Dieses Versprechen wird auch gehalten, und zwar bei allerlei Angeboten wie Kochen über offenem Feuer oder Bauen mit Lehm wie in früheren Zeiten.

Neben Mitmachaktionen wie diesen begegnen Berliner Kinder hier auch etwa siebzig, hauptsächlich einheimischen Tieren. Die Esel Momo und Bruja leben Tür an Tür mit Schweinen, Schafen, Ziegen und Kaninchen. Mitmachen bei der Tierpflege und -fütterung ist ausdrücklich erwünscht!

@kinderbauernhof.pinke.panke
www.kinderbauernhof-pinke-panke.de

Die Museumswohnung WBS 70 besuchen und die DDR kennenlernen

Hellersdorf
Hellersdorfer Straße 179, 12627 Berlin

Plattenbau made in DDR. Unter Bauhistoriker*innen ist der Wohnungsbautyp WBS 70 eine Legende, für alle, die nach der Wende geboren wurden, ein Mythos, und diejenigen, die heute darin leben, betrachten es als einen Segen, dass die meisten Wohnungen inzwischen umgebaut wurden.

Eine einzige Wohnung allerdings ist noch genauso wie zu DDR-Zeiten. 61 Quadratmeter, drei Zimmer, Küche, Bad, full of DDR. Von den Sesseln über das Geschirr bis hin zu Steckdosen und Türgriffen ist noch alles so wie früher. Wer die DDR also nicht mehr erlebt hat, kann hier einen Blick reinwerfen und innerlich danken, dass die Zeiten des MuFuTis vorbei sind.

www.stadtundland.de/Unternehmen/Museumswohnung.php

ERLEBNIS

155

Natur-Park Schöneberger Südgelände

Zwischen Bahnrelikten, Graffitis und Dschungel spazieren

Schöneberg
Prellerweg 47–49, 12157 Berlin

Dschungelartige Naturlandschaft, verwilderte Bahnrelikte und Graffiti-kunst: eine perfekte Mischung für alle, die Stadtkinder und Naturlieb-haber*innen gleichermaßen sind. Auf dem Bereich des ehemaligen Rangierbahnhofs in Schöneberg befindet sich mit dem Natur-Park Schöneberger Südgelände ein einzigartiges und zugleich vielfältiges Gebiet, das zum Spazierengehen und Entdecken einlädt. Der Wasser-turm und die originale Dampflok sind nur zwei der vielen Highlights.

www.gruen-berlin.de/natur-park-suedgelaende

Tipp

Hier kannst du auch super picknicken!

Urban Nation

Kostenlos internationale Street-Art gucken

Schöneberg
Bülowstraße 7, 10783 Berlin

Street-Art und Museum – passt das zusammen? Im Museum for Urban Contemporary Art vom Künstler*innenkollektiv Urban Nation kannst du dich davon überzeugen, denn hier findet internationale Street-Art ein Zuhause. Dabei soll das Museum aber mehr sein als ein klassisches Museum, ohne dessen Kernaufgabe zu vernachlässigen: Neben einer ständigen, teilweise interaktiven Ausstellung wird die Außenfassade des Hauses regelmäßig von Street-Art-Künstler*innen mit neuen Murals gestaltet.

@urbannation_berlin
www.urban-nation.com

Berlin gilt nicht unbedingt als ausgewiesenes Naherholungsgebiet. Zu viele Baustellen, zu viel Beton, zu viel Müll auf den Straßen und manchmal ehrlicherweise auch zu viel Großstadt auf einmal. Das bedeutet aber nicht, dass man in Berlin nicht die Natur erleben, Kanu- oder Schlauchboot fahren, Drachensteigen lassen oder mit der Fähre auf kleine Inseln fahren und Pfauen beobachten kann.

Berlin ist nicht nur Hotspot in Sachen Feiern, sondern zählt auch zu den grünsten Städten Europas. Outdoor-Mäuse und alle, die es vielleicht noch werden könnten, finden hier neben schönen Rad- und Wanderstrecken auch viele Ufer, an denen es sich lohnt, für ein Picknick zu halten, und Hügelchen, die beim Aperol Spritz einen spitzenmäßigen Ausblick garantieren.

ERLEBNIS

A–Z

Backstagetourism Kajakstation

Mit dem Kanu über die Spree und entlang der Rummelsburger Bucht fahren

Oberschöneweide
Nalepastraße 18, 12459 Berlin

Sonne, Wasser und Sport ist eine der besten Kombinationen, wenn es nach uns geht. Deswegen verbringen wir die Zeit zwischen Mai und September – oder wann auch immer Berlin beschließt, frühlingshafte Temperaturen anzunehmen – am liebsten irgendwo in Wassernähe. Besonders angetan hat es uns dabei der Kajak- und Kanuverleih hinterm Funkhaus. Du startest am besten mit einer kleinen Fahrradtour entlang der Spree dorthin, um anschließend mit ausgeliehenem Kajak zwischen Rummelsburger Bucht und Spree entlangzupaddeln.

Leihen kannst du dir 1er- und 2er-Kanus jeweils mit oder ohne Gepäckluke sowie 3er- und 4er-Kanus, je nachdem, ob du allein oder mit Freund*innen in See stechen möchtest. Im Sommer eignen sich die früheren Stunden, da ist das Wasser noch schön ruhig und du hast es fast für dich allein.

◎backstagetourism
www.backstagetourism.com

 Tipp

Direkt am Funkhaus beim Kajak- und Kanuverleih gibt's auch Zola-Pizza! Nimm dir also am besten etwas mehr Zeit und futter noch eine frische neapolitanische Pizza mit Blick aufs Wasser.

Dreiländereck

Mit dem Schlauchboot über den Landwehrkanal schippern

Alt-Treptow
Lohmühlenstraße, 12435 Berlin

Wieso sollte man Berlin nur auf dem Land erkunden, wenn es doch sogar mehr Brücken als Venedig und natürlich auch dementsprechend viele Wasserwege hat, auf denen wir die Stadt immer (neu)erkunden können? Dir fehlt das nötige Kleingeld, um ein Boot zu mieten? Zum Glück hat inzwischen jeder gut sortierte Berliner Haushalt ein Schlauchboot, mit dem man den Landwehrkanal erobern kann.

Wir empfehlen dir den Einstieg beim Dreiländereck, da führt sogar ein kleiner Steg aufs Wasser. Schnapp dir deine Liebsten, Snacks und Drinks, vielleicht ein Buch oder Musik – und los geht's! Und wer zu faul ist, selbst Snacks vorzubereiten, dem empfehlen wir die Anlegestelle auf der Höhe der Liberdastraße, wo du dir die Pizza von Gazzo oder Donuts von Brammibal's ins Boot holen kannst.

Tipp

Im Sommer schippert der schwimmende Kiosk Käptn Späti über den Landwehrkanal und die Spree und versorgt dich vom Wasser aus mit kühlen Drinks.

E R L E B N I S

Erpetal

Im von Wald umsäumten Erpetal spazieren und picknicken

Friedrichshagen

S-Bahn Friedrichshagen, 12587 Berlin

(Feucht-)wiesen, Moore, Mischwälder, kleine Flüsse und Bäche: Das wilde Erpetal ruht ganz still und heimlich östlich von Mahlsdorf und ist derzeit noch ein echter Geheimtipp unter Berliner*innen. Der Wanderweg Erpetal führt dich auf elf Kilometern von der S-Bahn Friedrichshagen durch das Neuenhagener Mühlenfließ bis raus nach Hoppegarten.

Auf dem Weg spazierst du durch erstaunlich wild bewachsene Gebiete, stapfst über Wiesenpfade durch Röhricht, passierst Kleingärten und Mischwald und überall hörst du die Natur zirpen und quaken. Die Route ist übrigens ein Teilstück des europäischen Wanderwegs E11.

Tipp

Auf etwa halber Strecke liegt ein überdachter Rastplatz umringt von Feuchtwiesen – der perfekte Ort, um deine Picknickdecke auszupacken und die Natur und den Ausblick zu genießen.

Freiluftkino Rehberge

Im vermutlich romantischsten Freiluftkino der Stadt neue Kinofilme und alte Klassiker schauen

Wedding

Windhuker Straße / Ecke Petersallee, 13351 Berlin

Der Volkspark Rehberge ist nicht nur riesig und selbst im Hochsommer noch angenehm leer, sondern beherbergt auch eines der romantischsten Freiluftkinos der Stadt. Auf 1.500 Plätzen kannst du hier mitten im Stadtwäldchen unterm Sternenhimmel alte Klassiker und neue Kinofilme ansehen – in der Regel werden die Filme in deutscher Fassung gezeigt –, frisches Popcorn oder Stileis futtern und mit deiner Begleitung heimlich knutschen. Je nach Wetterlage, wird dir sogar noch ein Sonnenuntergang über den Baumwipfeln serviert. Schöner geht es eigentlich gar nicht!

freiluftkino.berlin

www.freiluftkino-rehberge.de

Grunewaldturm

Mit dem Mountainbike durch den Grunewald heizen und anschließend in die Havel springen

Grunewald
Havelchaussee 61, 14193 Berlin

Der Grunewald ist ein wahrer Allrounder in Sachen Freizeitaktivitäten, denn du kannst hier nicht nur Radtouren machen und spazieren gehen, sondern auch schwimmen – es lohnt sich immer, Badesachen mitzunehmen! – oder den 36 Meter hohen Grunewaldturm besteigen und die Aussicht über den rund 3.000 Hektar großen Wald genießen. Am liebsten erkunden wir den Grunewald mit dem Rad. Dabei kannst du gemächlich am Havelufer entlangradeln und die hübschen Segelboote beobachten oder mit dem Mountainbike die für Berliner Verhältnisse wirklich guten Singletrails entlangheizen. Unser Highlight: der Trail am Pechsee.

 Der Waldboden ist leider gar nichts für schicke Rennräder, nimm also lieber ein Rad mit breiteren Reifen und mehr Profil, dann macht die Tour richtig Spaß.

Tipp

Mountainbikes und Sportbikes kannst du unter anderem bei Urban Bike Tours in Prenzlauer Berg oder bei der Fahrradstation in Mitte ausleihen.

Hauptbahnhof

Auf den Spuren Europas quer durch die Stadt radeln

Mitte
Europaplatz, 10557 Berlin

Die Europäische Union verbindet man sofort mit Brüssel. Aber auch das Berliner Stadtbild ist von der europäischen Politik geprägt, und genau auf diesen Spuren bewegt sich die von der Jungen Europäischen Bewegung konzipierte Fahrradtour, die dich quer durch Berlin lotst – vorbei an Orten, bei denen Europa eine wichtige Rolle spielt. Die Tour wird geführt angeboten, du kannst die Route samt Audioguide aber auch downloaden, sodass du sie genauso allein oder mit Freund*innen machen kannst.

Was der Eiffelturm und der Berliner Hauptbahnhof gemeinsam haben, was das Theater des Westens mit der EU zu tun hat und warum so viele Europaflaggen am Ernst-Reuter-Platz hängen? Auf der etwa zweistündigen Tour kannst du dir die Antworten erradeln!

@jeb_bb
www.europaerfahren.eu

 Tipp

Die Tour endet auf der Kantstraße, die für alle Hungrigen fantastische Restaurants wie Madame Ngo, Shiso Burger, das 893 Ryōtei und natürlich die legendäre Paris Bar bereithält.

Landschaftspark Rudow-Altglienicke

Entlang des Berliner Mauerwegs radeln und bei den Wasserbüffeln in Rudow haltmachen

Rudow

Am Klarpfuhl, 12355 Berlin

Der Berliner Mauerweg ist rund 160 Kilometer lang, umfasst 14 zwischen sechs und 21 Kilometer lange Etappen und ist heute ein ausgeschilderter Rad- und Wanderweg. Unsere liebste Route startet in Alt-Treptow, führt über den Südlichen Heidekampgraben und entlang des Teltowkanals zum Landschaftspark Rudow-Altglienicke, wo sich eine wahre Grünoase zwischen die Plattenbauten geschmuggelt hat.

Zwischen Wasserbüffeln, Kühen, Pferden und Wasservögeln kannst du hier entspannen und ein kleines Picknick veranstalten, bevor du den Heimweg antrittst. Unser Lieblingsteilabschnitt führt entlang des Teltowkanals: Du fährst auf der ebensten Straße, die du in Berlin finden kannst, fast komplett ohne Ampeln und dauerhaft mit Blick auf das Wasser – herrlich!

www.landschaftspark-rudow-altglienicke.de

Tipp

Leg unbedingt einen Halt beim Imbiss Am Ziel am Klarpfuhl 39 ein. Hier werden aus der Gartenlaube Eis am Stil, Currywurst und Fanta verkauft. Genau das Richtige für eine Radtour!

Pfaueninsel

Zwischen frei lebenden Pfauen spazieren und den Großstadttrubel vergessen

Wannsee
Nikolskoer Weg, 14109 Berlin

Frei lebende Pfauen zu sehen funktioniert in Berlin nicht nur, wenn man sich die ein oder andere illegale Substanz zuführt, sondern auch ganz easy, wenn man auf die Pfaueninsel im Wannsee fährt. Die Überfahrt mit der Fähre, die von der Anlegestelle Düppeler Forst ablegt, dauert nur wenige Minuten. Die rund 67 Hektar große Insel ist nicht nur die Heimat vieler Pfauen, sondern verfügt auch über einen 400 Jahre alten Eichenbestand und den ältesten Rosengarten Berlins. Obendrauf gibt's noch ein Schloss und eine Meierei sowie andere Parkbauten, die das UNESCO-Welterbe zu einem wunderschönen und romantischen Ausflugsziel machen.

www.spsg.de/schloesser-gaerten/objekt/pfaueninsel

 Tipp

Direkt an der Anlegestelle befindet sich das Wirtshaus zur Pfaueninsel. Hier stehen die kulinarischen Uhren zwar noch auf 1980, das macht den Ort aber auch ziemlich perfekt zum Einkehren.

Richard-Wagner-Platz

West-Berliner Street-Art entdecken

Charlottenburg
Richard-Wagner-Platz, 10585 Berlin

Make Street Art Great Again: Es gab eine Zeit, da waren wir vermutlich alle etwas müde von den vielen eher mittelmäßigen Touren durch Berlins Straßen, um besondere Murals und Tags zu entdecken. Inzwischen hat sich aber auch hier einiges getan und der Astronaut an der Mariannenstraße ist nicht mehr Status quo der Berliner Street-Art-Szene.

Die Jungs und Mädels von Streetart Books haben deswegen insgesamt vier Wanderungen durch die Stadt mit neuen Highlights kreiert. Unsere liebste Wanderung ist stabile 19 Kilometer lang, führt vom Richard-Wagner-Platz über den Wedding zum Rosenthaler Platz und dauert rund fünf Stunden. Alle Wanderwege inklusive der Hotspots kannst du dir von der Website direkt als PDF aufs Handy laden.

⊚streetartbooks.eu

www.streetartbooks.eu/blogs/news/street-art-wanderwege-berlin

Tipp
Streetart Books ist eine Serie, in der zu vielen Städten
Europas Street-Art-Guides veröffentlicht werden. Es lohnt sich,
da mal reinzuschauen.

ERLEBNIS

Tempelhofer Feld

Mit den Besten übers Tempelhofer Feld rollen, grillen und das Treiben beobachten

Tempelhof
Tempelhofer Feld, 12101 Berlin

Im Sommer trifft sich auf dem Tempelhofer Feld gefühlt ganz Berlin – eigentlich trifft sich hier zu jeder Jahreszeit ganz Berlin. Da kann es passieren, dass auf der einen Seite gegärtnert und auf der anderen Seite gegrillt wird, was der Rost hält. Dazwischen begegnen dir Kitesurfer*-innen, Rennradfahrer*innen, Jogger*innen, aber auch Skilangläufer*-innen und Rollschuhfahrer*innen. Seit dem Sommer 2020 ist eine Roll-schuhfahrerin besonders bekannt geworden: Die Berlinerin Oumi Janta hat mit ihren Jamskating-Videos nämlich mal eben das Internet erobert.

Ganz so smooth wie sie sehen wir auf Rollschuhen zwar (noch) nicht aus, aber es macht zumindest sehr viel Spaß. Ansonsten kannst du aber auch einfach die Aussicht genießen, so viel Weitblick bekommt man in Berlin nämlich nicht sehr oft serviert.

⌂weisestr.22
http://hase.studio/
 Tipp
Wer keine eigenen Rollen hat, kann sich um die Ecke bei Hase Studio
in der Weisestraße 22 sogar stundenweise welche ausleihen.

Wolkenhain

Auf dem Gipfel des Kienbergs den Blick über die ganze Stadt schweifen lassen

Marzahn
Hellersdorfer Straße 159, 12619 Berlin

Wir sind ehrlich: Wirklich oft sind wir so weit draußen nicht. Das Wolkenhain auf dem Kienberg lockt uns dann aber doch, denn der Blick ist wirklich atemberaubend. Ursprünglich für die IGA 2017 erbaut, ist die rund 120 Meter über dem Meeresspiegel zu schweben scheinende Stahlkonstruktion nicht nur architektonisch ein absolutes Highlight zwischen den Marzahner Hochhäusern.

Bei gutem Wetter kannst du bis zu 50 Kilometer in die Ferne blicken und zwischen Berlin und der brandenburgischen Landschaft samt Windparks abwechseln. Zwölf Kilometer reichen aber auch schon, um den Fernsehturm und viele andere Sehenswürdigkeiten zu entdecken – Markierungen auf dem Boden verraten dir, wo du nach ihnen Ausschau halten musst. Im dazugehörigen Café Wolke Sieben kannst du dich anschließend mit Kaffee, Bier und Snacks stärken.

www.gaertenderwelt.de/freizeit-spiel/wolkenhain

Tipp

In den Sommermonaten ist der Wolkenhain von Sonnenauf- bis Sonnenuntergang geöffnet – das solltest du dir nicht entgehen lassen!

E R L E B N I S

Schlechtes Wetter, gute Laune

Wenn das Berliner Wetter mal wieder einen richtig schlechten Montag hat, bleibt der Himmel über Berlin genauso wie der gleichnamige Film: schwarz-weiß. Dann ist alles regnerisch, windig und teilweise so bewölkt, dass wir nicht einmal mehr den Fernsehturm sehen können.

Du könntest das jetzt als perfekte Ausrede nehmen, um deine neue Lieblingsserie zu binge-watchen oder dir bei Tinder kurzerhand eine*n Kuschelpartner*in zu suchen. Du könntest aber auch etwas gegen den Schlechtwetter-Blues tun und dich amüsieren. Beim Bouldern zum Beispiel oder auf einem Hallenflohmarkt. Oder eben doch beim Kuscheln mit dem Tinderdate, dann aber wenigstens (erst mal) im Kino.

ERLEBNIS

Berlinische Galerie

Moderne und zeitgenössische Künstler*innen bestaunen

Kreuzberg
Alte Jakobstraße 124–128, 10969 Berlin

Die Berlinische Galerie ist vielleicht unser heimliches Lieblingsmuseum. Inmitten eines Wohnviertels weisen einem schon von weitem die großen Buchstabenkarrees auf dem Boden den Weg, in denen sich die Namen großer Künstler*innen verstecken, die in der Berlinischen Galerie zu finden sind.

In der Galerie selbst findest du in den oberen Räumen die Dauerausstellung „Kunst in Berlin", in der Ausschnitte der Sammlung von 1880 bis 1980 präsentiert werden. Im Erdgeschoss wechseln die Ausstellungen regelmäßig, der Schwerpunkt liegt auf Architektur, Moderner Kunst und Fotografie.

@berlinischegalerie
www.berlinischegalerie.de

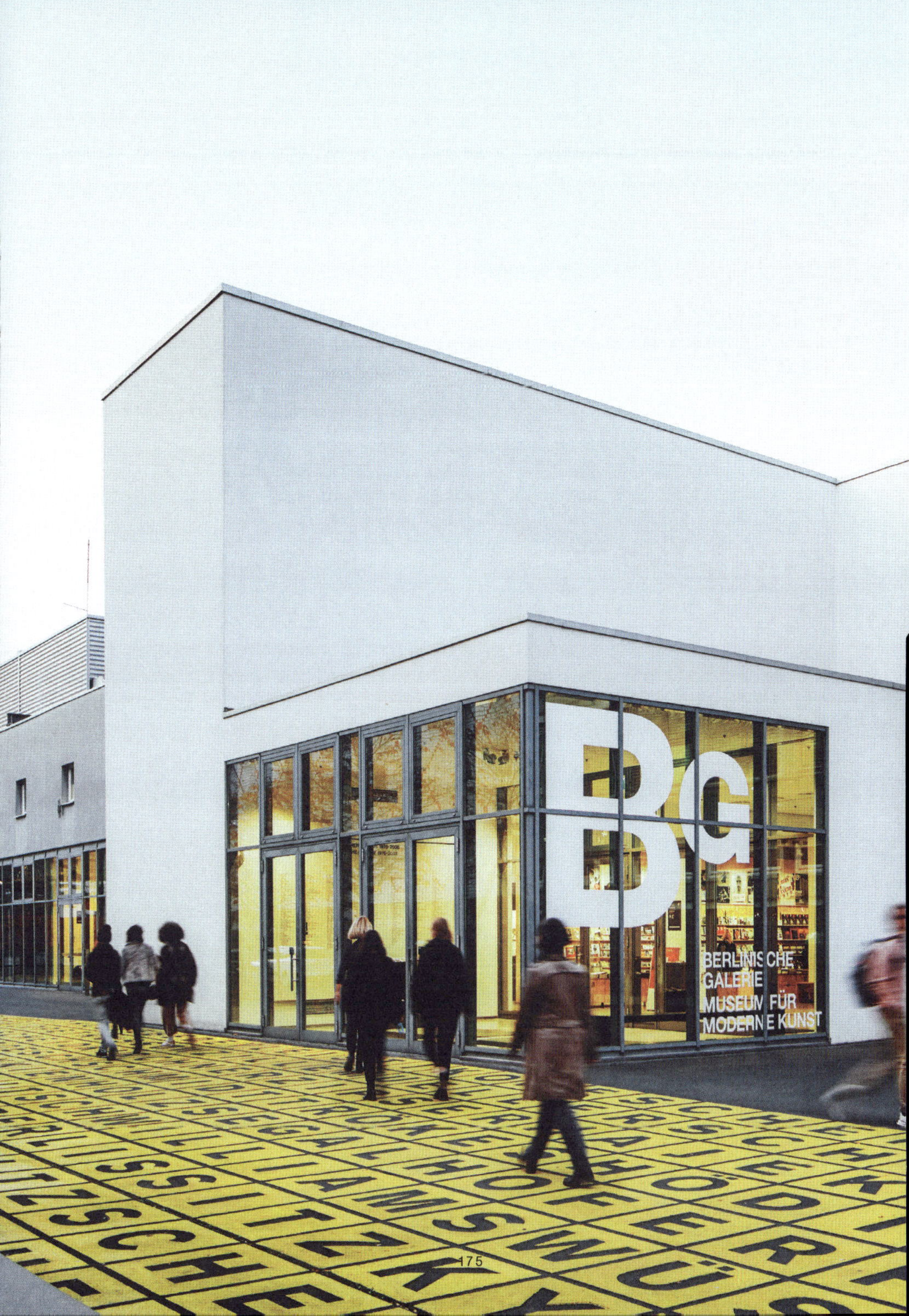
BG
BERLINISCHE
GALERIE
MUSEUM FÜR
MODERNE KUNST

Botanischer Garten

In den Gewächshäusern zu Schmetterlingen und Mammutbäumen vor der Kälte fliehen

Lichterfelde
Königin-Luise-Straße 6–8, 14195 Berlin

Der Botanische Garten ist – neben unserem Bett, klar – einer unserer Lieblingsorte, wenn es draußen stürmisch, grau und regnerisch (kurzum Berlin-typisch) ist. Dann verlieren wir uns zwischen all den tropischen Pflanzen in den Gewächshäusern, beobachten Vögel und Schmetterlinge, genießen die feuchte, warme Luft und verstecken uns hinter riesigen Mammutbäumen und knutschen.

Das hebt die Laune selbst am grauesten Tag. Zumindest, bis du wieder in die Bahn nach Hause steigst. Aber die Gewächshäuser haben immerhin bis 19 Uhr offen, und danach kannst du dich ja auch schon wieder ohne schlechtes Gewissen ins Bett legen.

@botanicgardenberlin
www.bgbm.org

Tipp
Die Beleuchtung beim Christmas Garden ist großartig, und im Sommer gibt es regelmäßig Konzerte.

ERLEBNIS

Boulderklub Kreuzberg

Auf 1.300 Quadratmetern beim Bouldern deine Muskeln stählen

Kreuzberg
Ohlauer Straße 38, 10999 Berlin

In einem Kreuzberger Hinterhof versteckt liegt der Boulderklub, der gleichzeitig einer der zentralsten Boulderspots Berlins ist. Hier geht es ziemlich hip und international zu. Beim Betreten fällt einem als erstes das Holzschiff Renate auf, ein mit Klettergriffen versehener Spielplatz. Auf den restlichen 1.300 Quadratmetern können sich die Erwachsenen austoben.

@boulderklub_kreuzberg
www.boulderklub.de

Dussmann

Bis Mitternacht in Büchern stöbern und Platten Probe hören

Mitte

Friedrichstraße 90, 10117 Berlin

Dussmann ist seit über zwanzig Jahren ein Paradies für alle, die Bücher, Filme und Musik lieben. Auf zigtausend Quadratmetern findest du hier vermutlich jedes Buch, das du suchst, kannst Platten Probe hören und durch die neuesten Filme stöbern. Die Empfehlungstische sind so gut kuratiert, dass sie jede Onlineshop-„Das könnte dir auch gefallen"- Empfehlung in die Tasche stecken und du dich fragst, ob Mark Zuckerberg dich eigentlich auch beim Bücherkaufen im Dussmann beobachtet.

@dussmann.official

www.kulturkaufhaus.de

Tipp

Es finden regelmäßig Events statt, bei denen du kostenlos tollen Musiker*innen wie Chilly Gonzales oder Lesungen von großartigen Autor*innen lauschen kannst.

Hallenflohmarkt

Auf dem Indoor-Flohmarkt an der Arena kleine Schätze suchen

Alt-Treptow
Eichenstraße 4a, 12435 Berlin

Auch wenn du gar nichts kaufen willst, lohnt sich ein Besuch des Hallen-flohmarkts in Treptow. In der circa 3.000 Quadratmeter großen Halle scheint der halbe Hausstand aller Berliner*innen gelagert zu werden, denn jeder der 80 Stände bildet für sich ein Mosaik aus alten Bade-wannen, Lampen und Regalen.

Die heiligen unaufgeräumten Hallen öffnen jeden Samstag und Sonntag von 10 bis 16 Uhr ihre Tore. Achtung: In der Halle herrscht ungefähr dieselbe Temperatur wie draußen, also schön warm (im Winter) oder kühl (im Sommer) anziehen.

ERLEBNIS

Kindl Zentrum für zeitgenössische Kunst

In einer ehemaligen Brauerei zeitgenössische Kunst gucken

Neukölln
Am Sudhaus 3, 12053 Berlin

Berliner*innen sind und bleiben einfach absolute Umnutzungs-künstler*innen. Wo sonst kannst du dir denn bitte Kunst in einer ehemaligen Brauerei ansehen? Jahrelang standen die ehemaligen Produktionshallen leer, inzwischen hat sich ein Sammlerehepaar der Anlage angenommen und zeigt regelmäßig wechselnde Ausstellungen zeitgenössischer Künstler*innen.

Unser absolutes Highlight ist das Kesselhaus, das so hohe Decken hat, dass sogar ein kleines Flugzeug von der Decke hängen kann. Im dazugehörigen Café sind die Jungs und Mädels der Bar Babette eingezogen.

kindlberlin
www.kindl-berlin.de

Tipp
Der Blick aus dem obersten Stock über Berlin ist unbezahlbar.

180

Labyrinth Kindermuseum

Auf Entdeckungsreise ins Labyrinth Kindermuseum

Gesundbrunnen
Osloer Straße 12, 13359 Berlin

Ein interaktives Vergnügen für Kinder von drei bis elf Jahren und Eltern, die im angeschlossenen Café gern eine Unterhaltung mal ungestört zu Ende führen wollen. Das Kindermuseum gleicht eher einem großen Entdeckungsparadies, in dem das Kind vor allem auch seinen Körper ausgiebig bewegen kann. Das Motto ist hier ganz klar „Lernen durch Selbermachen" und genauso sind die wechselnden Ausstellungsthemen auch umgesetzt.

@labyrinthkindermuseumberlin
www.labyrinth-kindermuseum.de

Maxim Gorki Theater

Im schönen und kleinen Ensembletheater der Stadt spannende politische Stücke ansehen

Mitte
Am Festungsgraben 2, 10117 Berlin

Das Gorki ist eines der wenigen Häuser, die von Beginn an großen Wert darauf legten, die Stadt so abzubilden, wie sie wirklich ist: divers. Egal ob die Menschen durch Flucht, Exil, Einwanderung oder Studium nach Berlin gekommen oder hier aufgewachsen sind, im Gorki sind alle willkommen – als Besuchende und im Ensemble. Die Stückauswahl changiert zwischen freien Adaptionen von Klassikern von Ödön von Horváth und Franz Kafka und zeitgenössischen Stücken von Sibylle Berg oder Yael Ronen.

Statt bloßer Unterhaltung, wird einem im Gorki auch immer ein spannender Denkanstoß zu unserer Gesellschaft, politischen Entwicklungen, Identitätskonflikten und über das Menschsein gegeben, die jeden Besuch einzigartig und wahnsinnig fruchtbar machen. Besser kann man einen verregneten Abend eigentlich nicht verbringen.

@maxim_gorki_theater
www.gorki.de

Stadtbad Charlottenburg

In einem der schönsten Bäder der Stadt schwimmen

Charlottenburg
Krumme Straße 10, 10585 Berlin

Jugendstil, here we go. Die Alte Halle des Stadtbads Charlottenburg ist das älteste Volksbad Berlins, und wie sollen wir es anders sagen: Es sieht einfach wundervoll aus. Die hübsch gefliesten Wände, die imposant hohe Stahlkonstruktion und das gläserne Dach müssen einen einfach verzaubern.

Das Becken, das gerade mal 25 Meter lang ist, eignet sich zwar nicht unbedingt für ambitionierte Schwimmer*innen, die ihre Bahnen ziehen wollen, für alle, die in einer schönen Atmosphäre aber einfach nur planschen wollen, ist das 30 Grad warme Bad genau das Richtige.

ⓘberliner_baederbetriebe
www.berlinerbaeder.de/baeder/stadtbad-charlottenburg-alte-halle

Tipp
Für alle, die eher im östlichen Teil der Stadt wohnen:
Das Stadtbad Neukölln ist mindestens genauso schön.

Tante Lisbeth

Im 70er-Jahre-Kegelkeller Fuchsjagd spielen und alle Neune abräumen

Kreuzberg
Muskauer Straße 49, 10997 Berlin

Die Tante Lisbeth ist ein wahrer Allrounder, denn du kannst hier nicht nur Tatort schauen und gemütlich Kaffee oder Bier trinken, sondern auch kegeln. Und das, wie es sich gehört, im holzvertäfelten 70er-Jahre-Keller, in dem gefühlt schon unsere Eltern gekegelt haben.

Für 15 Euro pro Stunde mietet man quasi den gesamten Keller und hat so neben zwei Kegelbahnen auch noch einen gemütlichen Raum zum Sitzen, in dem man seine eigene Musik spielen und rauchen kann.

www.pyonen.de/tantelisbeth

Tipp

Wer clever ist, bucht die Bahn bis 22 Uhr, denn danach ist Schluss und man kann noch ein bisschen sitzen, ohne etwas vom Trubel oben mitzubekommen.

Wolf Kino

Tolle Filme sehen und anschließend guten Kaffee und leckere Drinks schlürfen

Neukölln
Weserstraße 59, 12045 Berlin

Das Wolf ist ein hübsches kleines Programmkino, dem man – hätten sie nicht ein Kino-Schild installiert – selbiges gar nicht ansähe. Denn vor den zwei kleinen Kinosälen öffnet sich ein schickes Café, das abends zur Bar wird und den perfekten Platz für lange Filmgespräche bietet. Gelegentlich finden außerdem Q&As mit Regisseur*innen statt, und wöchentlich liegt die neue „Wolf Gazette" aus, in der Filme rezensiert und das wechselnde Kinoprogramm veröffentlicht werden.

Im Wolf laufen schon ab mittags Filme, im angrenzenden Workspace finden Ausstellungen und Workshops statt. Ein kleiner Wermutstropfen: Im Wolf gibt es kein Popcorn, zumindest kein richtiges. Als Snacks bekommst du Tütenpopcorn, Nüsse und die leckeren Croissants aus dem Le Brot.

@wolfkinogang

www.wolfberlin.org

 Tipp

Dienstags um 11 Uhr werden bei „Baby Wolfgang" aktuelle Filme mit leiserem Sound für Eltern mit Babys gezeigt.

Ausgehen

AUSGEHEN

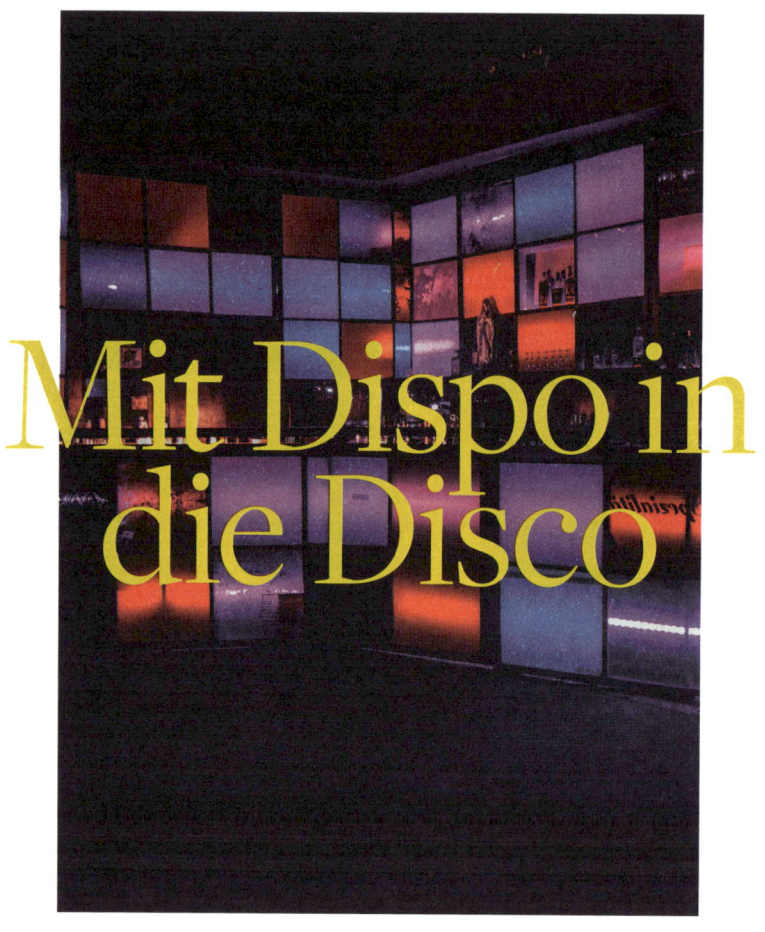

Mit Dispo in die Disco

Biggie Smalls rappte in den 90ern „Mo Money Mo Problems", und auch wenn wir selten in den Genuss von viel Geld kommen, können wir aus Erfahrung sagen: so richtig geil problemfrei läuft das Leben ohne Money leider auch nicht.

Weil ein überzogenes Konto aber nicht die Abendgestaltung bestimmen sollte oder weil man sich seinen Kontostand gelegentlich schön trinken muss, gibt es Orte, an denen Dispokönig*innen wie wir trotzdem noch ihr letztes Hemd durch-schwitzen können.

AUSGEHEN

A–Z
1 Bar Zum Schmutzigen Hobby
2 Bäreneck
3 Bohnengold
4 Flaschenzug
5 Freya Fuchs
6 Humboldthain
7 Mastul
8 Paloma Bar
9 Süss War Gestern
10 Trude, Ruth & Goldammer
11 Zur Klappe

Bar Zum Schmutzigen Hobby

Mit dem bunt gemischten Publikum zu Beyoncé und J.Lo dancen

Friedrichshain
Revaler Straße 99, 10245 Berlin

Schon klar, das RAW-Gelände ist touristisch, und zugeben, dass wir trotzdem ab und zu hingehen, sollten wir vermutlich nicht. Wer aber richtig abstürzen will, kommt in Friedrichshain eigentlich nicht um die Bar Zum Schmutzigen Hobby herum, und die befindet sich nun mal auf dem RAW-Gelände.

Einmal in dem kleinen Laden, in dem auch die LGBTQI*-Community zu Hause ist, kommst du so schnell nicht wieder raus und findest dich nicht selten Beyoncés „Crazy in Love" mitsingend und schwitzend auf der Tanzfläche.

@zumschmutzigenhobby

 Tipp

Jeden Sonntag kannst du hier auch Tatort schauen.

Bäreneck

Zwischen Rentner*innen und Student*innen 24/7 Futschi, Pfeffi und Pils schlürfen

Neukölln

Hermannstraße 37, 12049 Berlin

Im Bäreneck, das seit 1905 geöffnet hat, sitzen zwischen holzvertäfelten Wänden, blinkenden Spielautomaten und Häkelvorhängen alle zusammen und trinken. Morgens sind es meist die Stammgäste, die in der 24-Stunden-Kneipe am Tresen sitzen, abends kommen dann die Jüngeren dazu, bestellen Futschi, Pfeffi und Bier.

Es wird wahnsinnig viel getrunken, gequatscht und natürlich geraucht. Hier ist man als Mitdreißiger*in noch blutjung, kommt nicht um den ein oder anderen väterlichen Ratschlag herum. Aber egal ob studentische*r Nachtschwärmer*in oder verdiente*r Ruheständler*in, hier sitzt, wer noch lange nicht nach Hause will.

191

Bohnengold

Günstig trinken und tanzen
im Bohnengold

Kreuzberg
Reichenberger Straße 153, 10999 Berlin

Tanzen im Club oder entspannt ein Bier trinken in der Bar? Wer ins Bohnengold geht, muss sich nicht entscheiden. Im ersten Raum kannst du frisch gezapftes Bier trinken, einen Raum weiter gibt es einen Kicker und einen der besten Eishockeytische der Stadt, und wer es bis hinten in den letzten Raum schafft, kann ausgelassen zu einem bunten Mix aus Elektro, Pop und Disco tanzen.

@bohnengold

Flaschenzug

Am Tischkicker und auf der Tanzfläche eine gute Figur machen

Neukölln
Emser Straße 16, 12051 Berlin

Der Flaschenzug in Neukölln ist der perfekte Hybrid aus Hipster- und Absturzkneipe. Hier kannst du Kickerturniere für zwanzig Cent veranstalten, Schach spielen, jede Menge Bier und Schnäpse in dich reinschütten und anschließend auf der Tanzfläche wild abzappeln. Und das alles ohne Judgement, denn jede*r, der*die hier im Laden ist, hat dieselbe Intention wie du: einen richtig guten Abend haben.

@flaschenzugbar
www.flaschenzugbar.de

AUSGEHEN

Freya Fuchs

Günstiges Bier in gemütlicher Wohnzimmeratmosphäre

Wedding
Tegeler Straße 34, 13353 Berlin

Nicht gerade bekannt für die freundlichsten Bedienungen der Wedding-Welt, gibt es hier aber allerhand Cocktail-Variationen und ein erstaunlich dunkles Raucherzimmer. Freya Fuchs ist die kleine Schwester des in Friedrichshain beheimateten Fitcher's Vogel und folgt einem ähnlichen Prinzip: gemütliche Wohnzimmerbar mit günstigen Preisen und nicht zu viel Schnickschnack.

www.freyafuchs.com

Tipp

Freya hat eine große Schwester. Das Fitcher's Vogel in Friedrichshain, wo das Bier genauso günstig ist und gelegentlich Singer-Songwriter*innen auftreten.

Humboldthain

Bei gutem Techno dem
Sonnenuntergang entgegentanzen

Gesundbrunnen
Hochstraße 46, 13357 Berlin

Das Humboldthain ist ein bisschen wie der kleine Bruder der coolen Clubs, denn obwohl man hier genau auf den gleichen charmanten Selfmadestyle setzt, hatte der Club seinen großen Peak noch nicht. Zu Unrecht, wie wir finden, denn hier legen gute Acid-, House- und Techno-DJs auf, und der Außenbereich ist im Sommer wunderschön, sodass man dann doch schnell mal bis mittags bleibt.

Und das Humboldthain hat noch einen riesigen Vorteil: Die Ringbahn-Station ist so nah, dass man binnen einer Minute hineinstolpern kann. Nur einschlafen solltest du natürlich nicht.

@humboldthainclub
www.humboldthain.com

Mastul

Mit Freund*innen wie im eigenen Wohnzimmer abhängen und quatschen

Wedding
Liebenwalder Straße 33, 13347 Berlin

Das Mastul treibt jedem*r Student*in, der*die sich kein eigenes Wohnzimmer leisten kann, Pipi in die Augen, denn hier kannst du in gemütlichen Sesseln wie zu Hause mit deinen Freund*innen zu ehrlichen Preisen trinken und über Gott und die Welt philosophieren. Unser Lieblingsplatz ist aber direkt an der Bar, denn da kannst du nicht nur mit deinen Freund*innen, sondern auch mit den wirklich sympathischen Barkeeper*innen quatschen.

Ursprünglich war der kleine Laden eine Fleischerei, bis sich der Kunst- und Kulturverein Mastul seiner angenommen und diese zauberhafte kleine Bar eröffnet hat. Regelmäßig haben hier Kleinkünstler*innen die Möglichkeit, ihr Können zu zeigen. Das heimliche Highlight des Ladens sind die unfassbar hübschen Fliesen, die die Wände zieren. Ob die vielleicht noch aus Fleischereizeiten sind?

@mastulberlin
www.mastul.de

Tipp

Hier arbeiten alle quasi ehrenamtlich, über ein bisschen Trinkgeld freuen sich die Barkeeper*innen also natürlich!

Paloma Bar

Mit Blick über den Kotti bis zum nächsten Morgen dancen

Kreuzberg

Skalitzer Straße 135, 10999 Berlin

Abende, an denen wir „nur auf ein Bier mitkommen", sind die Abende, an denen wir bis morgens um fünf in der Paloma Bar abzappeln. Genauso wie ihr Spiegelzwilling, der Monarch, hat auch die Paloma Bar Panoramafenster mit Blick auf den berüchtigten U-Bahnhof, und wir sind ehrlich: Wenn die Sonne über den fiesen Plattenbauten aufgeht, ist das schon irgendwie schrecklich schöne Großstadtromantik.

@paloma_bar_berlin
www.palomabar.de

AUSGEHEN

Süss War Gestern

Gute Musik, günstige Drinks und 70er-Jahre-Sofas zum Chillen

Friedrichshain
Wühlischstraße 43, 10245 Berlin

Das Süss War Gestern ist eine echte Institution und war lange vor der Invasion der Simon-Dach-Straße der Place to be in Friedrichshain. Hier hängen Teppiche an der Decke, in der Ecke steht ein Super Nintendo, auf dem du wirklich noch spielen kannst.

Der Laden mit den backsteinernen Wänden ist nicht nur bei Feierwütigen beliebt, sondern macht sich auch eins a als Bar. Die Drinks und der Eintritt sind günstig, die Musik wahnsinnig tanzbar und die 70er-Jahre-Sessel und -Sofas so bequem, dass wir uns gern für eine kleine Tanzpause dort entspannen.

@suess.wargestern

Trude, Ruth & Goldammer

Tischtennis spielen und in drei Preisstufen trinken

Neukölln
Flughafenstraße 38, 12053 Berlin

Die Trude ist der perfekte Ort, um sich mit großen Gruppen und Menschen zu treffen, die unterschiedlich dicke Geldbeutel haben. Denn in der riesigen Bar kannst du nach Kategorien trinken: Trude steht für den proletarischen Chic, günstig und okay (hier kostet ein Gin Tonic aber auch nur 2,80 Euro), aber nichts, womit du die tolle Bar finanziell groß unterstützt.

Ruth ist das aufgeklärte Bürgertum unter den Getränken und versorgt dich mit soliden Drinks und wirklich vertretbaren Spirituosen, und für diejenigen, die nicht jeden Cent umdrehen müssen, gibt's noch die Goldammer, wo die Drinks allererste (vegane) Sahne sind – und die Preise immer noch unfassbar fair.

@ruthgoldammer

Zur Klappe

In einer ehemaligen öffentlichen Toilette unter Tage ausgelassen den Booty shaken

Kreuzberg
Yorckstraße 2, 10965 Berlin

Früher war die Klappe ein Treff für schwule Männer, damals, als Homosexualität noch unter Strafe stand. Heute ist die ehemalige unterirdische öffentliche Toilette ein ranziger und gleichzeitig ziemlich genialer Club, in dem du Bier trinken, ausgelassen feiern und treiben kannst, was du willst. Ein wirklich skurriler Ort, der definitiv jeden Besuch wert ist.

@zur_klappe
www.zurklappe.org
Tipp
Der Eingang ist auf dem Grünstreifen auf der Yorckstraße.

AUSGEHEN

Draußen tanzen

Woran du merkst, dass der Sommer in Berlin endlich begonnen hat? Daran, dass du das erste Mal den Sonnenaufgang auf der Tanzfläche gesehen hast.

Wir reden von den unzähligen wunderbar magischen Momenten, die du in Berlin hast, wenn du in den schönsten Open-Air-Clubs tage- und nächtelang durchtanzt und dir nicht der überfüllte, stickige Club, sondern der erste Sonnenstrahl die Schweißperlen auf die Stirn treibt. Wir reden von den Parallelwelten, in denen auf Freitag direkt der Montag folgt. Wo jede*r sein kann, wie er*sie will. Wo du von selbst gebauten Holztürmen über die Tanzfläche schaust, barfuß am Strand oder unterm Kronleuchter tanzt und dir wünschst, dass der Berliner Sommer niemals endet.

AUSGEHEN

3 BIRGIT & BIER

Biergarten und Club in einem: Hier
kannst du tagsüber entspannt Bier
schlürfen und Pizza futtern und nachts
bei Bambule-Partys oder Techno-Ge-
knüppel abzappeln.

1 ANOMALIE ART CLUB

Festival-Feeling in Berlin: Im schönsten
Garten der Stadt tanzen, Kunst gucken
und den Sommer genießen.

2 BADESCHIFF

Rund um das Badeschiff kannst du auf vielen Open Airs
nicht nur barfuß im Sand tanzen, sondern hast auch eine
unschlagbare Aussicht auf die Oberbaumbrücke, und
ein Pool zur Abkühlung steht auch immer bereit.

4 BURG SCHNABEL

Die Burg Schnabel gehört zur inzwischen ziemlich großen Clubfamilie rund um den Flutgraben, reiht sich musikalisch bei Elektro bis Hip-Hop ein und besitzt mit vielen Lampions und Girlanden die vielleicht hübscheste Clubdeko.

5 ELSE

Summer Vibes: Im Biergarten der Else kannst du mit Blick auf die Spree abhängen oder zu guten Beats durch den Tag tanzen.

6 HOPPETOSSE

Auf der verrosteten Hoppetosse kannst du auf oder unter Deck bis in den Morgen tanzen.

7 IPSE

Die Ipse versteckt sich hinter der Aral-Tankstelle direkt am Wasser, wo du unter dem bunten Kronleuchter mit Blick auf das Wasser feiern und morgens den Sonnenaufgang sehen kannst.

8 KATER BLAU

Der Kater gehört zum Holzmarkt, dem wohl schönsten Erwachsenenspielplatz der Stadt – ach, was sagen wir? –, der Welt! Auf dem Gelände gibt es alles und im Club, dem Kater, noch viel mehr – Techno und Spreeblick inklusive.

10 SAGE BEACH

Eigentlich ein entspannter Beach Club mit ausgezeichneten Cocktails, verwandelt sich das Sage im Sommer regelmäßig sonntags in die perfekte Open Air Location für spontane Raves.

9 KLUNKERKRANICH

Auf dem Parkdeck der Neukölln Arcaden findest du das Kitschigste und Schönste, was Neukölln zu bieten hat: einen unbezahlbaren Blick über Berlin, fantastische Drinks, Livemusik und gelegentlich Partys.

A U S G E H E N

11 SISYPHOS

Ein Abenteuerspielplatz für Erwachsene – Berlins Karneval der Tage und Nächte.

6 **Hoppetosse** Eichenstraße 4, Alt-Treptow
7 **Ipse** Vor dem Schlesischen Tor 2, Kreuzberg
8 **Kater Blau** Holzmarktstraße 25, Friedrichshain
9 **Klunkerkranich** Karl-Marx-Straße 66, Neukölln
10 **Sage Beach** Köpenicker Straße 18–20, Kreuzberg
11 **Sisyphos** Hauptstraße 15, Rummelsburg

Liebeskummer

„Denn sie ist weg, weg! Und ich bin wieder allein, allein." Diesen Moment kennen nicht nur die Fantastischen Vier. Und wir würden lügen, wenn wir sagen, dass der Schmerz beim dritten oder vierten Mal weniger wird. Das bedeutet aber nicht, dass du dich dem Kummer hingeben, auf der Couch liegen, weinen und *Love Actually* schauen sollst.

Zieh dich lieber gesellschaftsfähig an, kündige dein Abo im Club der gebrochenen Herzen und geh unter Leute. In Bars zum Beispiel. Hier gibt es jede Menge nette Menschen, die dich ablenken können, immer ein offenes Barkeeper*innen-Ohr und genügend Hochprozentiges, um den Kummer am Glasboden zu versenken.

AUSGEHEN

A–Z

Das Hotel

Im vielleicht kleinsten Hotel der Stadt tanzen und knutschen

Kreuzberg
Mariannenstraße 26a, 10999 Berlin

Das Hotel ist wahnsinnig klein, vollgestopft mit Menschen und so heiß, dass sich Kondenswasser an den großen Frontscheiben und den unverputzten Wänden bildet. Dazwischen plärrt laute Musik aus den Lautsprechern, es wird eng umschlungen getanzt, getrunken und geschwitzt.

Wer viel trinken, viel tanzen und vielleicht auch ein bisschen den Liebeskummer wegknutschen will, ist hier also genau richtig! Hotelzimmer für später gibt's allerdings, auch wenn es der Name verspricht, leider nicht.

@dashotel_berlin

Dream Baby Dream

Trinken, tanzen und vielleicht dein neues Dream Baby kennenlernen

Prenzlauer Berg
Greifswalder Straße 218, 10405 Berlin

Das Dream Baby Dream ist eine dieser Bars, in die man kurz nach Mitternacht stolpert, den letzten freien Platz ergattert und am liebsten nie wieder gehen möchte. Der kleine Laden sieht von außen unscheinbar aus, doch drinnen erwarten dich super nette Barkeeper*innen und extrem gute Drinks. Die Musik ist sehr laut und sehr gut, denn die Playlists werden regelmäßig von den angesagtesten DJs der Stadt kuratiert.

Im vorderen Teil der Bar kannst du dich mit deinem Drink unter der großen Leuchtschrift am Tresen positionieren, das Treiben beobachten und kommst garantiert früher oder später mit anderen Nachtschwärmer*innen ins Gespräch. Hinter dem DJ-Pult führt eine kleine Treppe in den hinteren Teil, in dem es mit Sofas und kleinen Tischchen etwas gemütlicher zugeht. Also genau das, was du brauchst, wenn du dich mit deiner neuen Bekanntschaft so gut unterhältst, dass es euch vorne an der Bar wirklich zu laut wird.

ⓘdreambabydreambar
www.dreambabydreambar.com

Drei Flaschen

Ausgewählte Weine und ganz viele Plätze am Tresen gegen Herzschmerz

Neukölln
Böhmische Straße 48, 12055 Berlin

Barkeeper*innen haben einen siebten Sinn für Liebeskummer. Müssen sie auch, sind doch meist die Tresenplätze von unglücklich Verliebten, kürzlich Getrennten und einsamen Herzen besetzt, die mal wieder jemanden zum Reden brauchen. In der Drei Flaschen Bar kommt zu dieser Fähigkeit und zu einem sehr langen Tresen dazu, dass die Barkeeper*innen wirklich nett sind und verdammt leckere Weine, Crémant oder auch Drinks ausschenken.

Im Sommer gibt es auch ein paar Plätze draußen, von denen aus du das Treiben in Rixdorf beobachten kannst. Und wer mal nicht reden möchte, dem wird einmal kurz tief in die Augen gesehen und anschließend ein gefülltes Glas hingeschoben.

@dreiflaschen

 Tipp

Neben der Bar ist die dazugehörige Eisdiele Eisderix. Und das trifft sich ganz gut, denn bei akutem Herzschmerz hilft alles mit Prozentzeichen auf dem Etikett oder Zucker auf der Zutatenliste an zweiter Stelle.

Den Liebeskummer in den über 4.000 Weinflaschen versenken

Mitte

Mittelstraße 1, 10117 Berlin

„Wir nennen uns deine besten Freunde, und wenn es dir schlecht geht, dann ist der Wein auch wirklich dein bester Freund", scherzt Willi, einer der Besitzer, als wir bei ihm sind. Und der Mann weiß, wovon er spricht, schließlich besitzt die Weinbar Freundschaft einen gläsernen Weinkeller, in dem sich 500 Sorten flüssiges Glück verstecken, von denen die meisten Bio- und Naturweine sind.

Viele davon kommen, ebenso wie die Besitzer, aus Österreich und sind dabei so vielfältig, dass für jede*n Weinliebhaber*in etwas dabei ist. Für einsame Herzen gibt es jede Menge Plätze an der Bar, die ein oder andere österreichische Lebensweisheit inklusive.

@bar_freundschaft

Tipp

Hier gibt es eine Zwei-Liter-Flasche Wein, die „Dein bester Freund" heißt. Wenn die nicht hilft, wissen wir auch nicht weiter.

AUSGEHEN

Herr Lindemann

Leckere Drinks mit heilender Wirkung an der Bar schlürfen

Neukölln
Richardplatz 16, 12055 Berlin

Bei Herr Lindemann am Richardplatz kommen allerlei Kräuter zum Einsatz, denen medizinische Wirkung nachgesagt wird und die gleichzeitig geschmacklich perfekt mit Gin, Rum und Co. harmonieren. Die Karte erinnert an ein Pflanzenlexikon, die Seiten sind mit Kräuterzeichnungen illustriert und führen die jeweiligen Heilwirkungen auf.

Da fast alle Drinks Eigenkreationen sind, muss man sich geschmacklich überraschen lassen, geht aber kein Risiko ein. Ein Abend hier hilft dem Wohlbefinden auf jeden Fall, und vielleicht hat der*die Barkeeper*in ja auch ein Rezept gegen Liebeskummer?

@herrlindemannbar

Urban Jungle Feeling und leckere Cocktails

Charlottenburg
Else-Ury-Bogen 605, 10623 Berlin

Hinter verspiegelten Scheiben versteckt sich am Savignyplatz das Journey into the Night, ein echter Urban Jungle. In der Bar von Tim Günterberg kannst du nicht nur leckere Cocktails trinken, sondern dich dabei vielleicht auch neu verlieben.

Das Journey into the Night ist eine beliebte Adresse für erste Tinderdates. Läuft es gut, kannst du es dir mit deinem Date auf den Podesten gemütlich machen. Ist es ein Reinfall, kannst du dich schnell in die S-Bahn retten. Von der Decke hängende Pflanzen, Dschungeltapete und bunte Lichter sorgen für eine lässig-coole Atmosphäre. Wir trinken hier besonders gern den Espresso Martini oder die beiden Signature-Drinks von Inhaber Tim, den Journey's Night und den Green Elder. Am Freitag wird Hip-Hop gespielt, am Samstag eher Elektro und Funk.

@journeyintothenight
www.journeyintothenight.com

AUSGEHEN

Kitty Cheng

Bei angeheizter Partystimmung und jeder Menge Shots den Liebeskummer vergessen

Mitte

Torstraße 99, 10119 Berlin

Das Kitty Cheng ist ein Mix aus Bar und Club. Hier wurde schon so manche Partynacht bis zum Sonnenaufgang durchgefeiert. Aus den Boxen dröhnt Hip-Hop, ein bunter Mix aus Old School und den neuesten Tracks.

Der Fotoautomat direkt am Eingang ist eigentlich immer besetzt, genau wie die Sitzecken im hinteren Raum. Macht aber nichts, weil hier sowieso eher getanzt wird. Wie das in Berlin so ist, triffst du auch gern mal Promis aus Sport, Radio und Fernsehen. Der Service bleibt trotz überfüllter Bar immer freundlich und flott und gibt auch mal eine Runde Shots aus. Und wer weiß, vielleicht lernst du ja einen spontanen Übernachtungsgast kennen?

@kittychengbar

www.kittycheng.de

Krass Böser Wolf

In guter Gesellschaft deinen neuen Lieblingscocktail entdecken

Friedrichshain
Markgrafendamm 36, 10245 Berlin

Im Krass Bösen Wolf kannst du nicht nur mit deinem Drink schmusen, sondern vielleicht auch ein bisschen mit dem*der Barkeeper*in, denn 2018 haben unsere Leser*innen die Barkeeper*innen des Krass Bösen Wolf zu den zweitschönsten der Stadt gewählt. Das sind zwar besonders schöne, aber nicht die einzigen Vorzüge dieser Bar, denn hier kannst du auch in schummrigem Licht an der Bar sitzend wirklich ausgefallene Drinks wie den Ginger Sour, den Pink Panther, den Grasgold oder den Herbal Mate on Fire trinken, dich gut unterhalten und deinen Kummer vielleicht ein bisschen vergessen oder, da sind wir ehrlich, den Kummer in Schnaps ertränken.

@krassboeserwolf
www.krassboeserwolf.de

Tipp

Die kleine Schwester des Krass Bösen Wolf heißt Lamm, ist der wahrgewordene Betontraum für Purist*innen und versteckt sich in Prenzlauer Berg in der Wisbyer Straße 1.

AUSGEHEN

217

Lerchen & Eulen

An der Bar sitzen und den schönen Barkeeper*innen beim Drinksmixen zusehen

Kreuzberg
Pücklerstraße 33, 10997 Berlin

Okay, wir sind ehrlich: Das Lerchen & Eulen taucht hier nicht nur auf, weil wir die Bar lieben (tun wir!), sondern auch, weil wir ein bisschen in die schönen Barkeeper*innen verknallt sind (sind wir!). Die Bar hat aber auch andere Vorzüge: wunderschöne frische Lilien überall, alte Turngeräte als Sitzgelegenheiten und günstige und leckere Drinks – das perfekte Paket also.

Unser Lieblingsplatz ist links neben der Bar, denn dort kannst du auf einem alten Springbock sitzen und ein bisschen mit den Barkeeper*innen plaudern, die sind nämlich nicht nur schön, sondern auch unfassbar nett und eignen sich als perfekte Zuhörer*innen, wenn du dich mal ein bisschen über deine Verflossenen ausheulen möchtest.

@lerchenundeulen
www.lerchenundeulen.de

In einem ehemaligen Möbelhaus
Besucher*innen aus aller Welt kennenlernen

Kreuzberg
Reichenberger Straße 177, 10999 Berlin

Die Olfe am Kottbusser Tor ist eine gute Alternative zu den Szenebars, nicht nur für Schwule und Lesben. Die Bar befindet sich in einem ehemaligen Möbelhaus. Schon von weitem kannst du die Schriftzeichen in leuchtendem Grün erkennen. Jeden Dienstag veranstaltet die Bar eine Lesbian Night. Am Donnerstag trifft sich eher alternativ eingestelltes Szenepublikum, aber auch an allen anderen Abenden lohnt sich ein Besuch. In unaufgeregter Atmosphäre kannst du hier das ein oder andere Bier genießen und Besucher*innen aus aller Welt kennenlernen.

www.moebel-olfe.de

AUSGEHEN

The Forsberg

Bei Kerzenschein über die Welt
(und die Liebe) philosophieren

Gesundbrunnen
Gerichtstraße 26, 13347 Berlin

Das kleine The Forsberg in der Gerichtstraße kann man schon mal übersehen, so unscheinbar liegt es im Souterrain. 2013 eröffnete der Künstler Charles Forsberg hier seine Bar. Dass er Künstler ist, merkt man auch seinen sehr guten Drinks an, die teils von ihm selbst kreiert sind – gern auch mit selbst hergestellten Sirups und Säften.

Bei Kerzenschein kannst du bei Liebeskummer in dein Glas weinen, mit Charles selbst über die Welt (und über Kunst) philosophieren oder einfach ein paar schöne Menschen aus der Nachbarschaft kennenlernen. Funktioniert mit zwei, drei Drinks ja auch viel besser.

@charles_forsberg

So sehr wir das Berliner Nachtleben lieben, es gibt Zeiten, in denen merkt man, dass von Disco zu Disco ziehen einfach nicht angesagt ist. Egal ob der Grund eine weltweite Pandemie ist, ob dir der unmenschliche Kater nach drei Tagen Party es dann doch nicht wert ist oder ob du einfach nur ein bisschen frische Berliner Nachtluft schnuppern möchtest: Wir verraten dir, wie du unvergessliche Nächte unter freiem Himmel in der Hauptstadt verbringen kannst – und zwar all night, every night.

AUSGEHEN

2 DRACHENBERG

Unsere liebste Zeit auf dem Drachenberg ist das Morgengrauen. Dann wirst du für sehr frühes Aufstehen mit einem atemberaubenden Blick und Sonnenaufgang belohnt. Pack dir einen Picknickkorb. Schöner, unvergesslicher und ja, auch romantischer, geht ein Frühstück kaum.

1 AHRENSFELDER BERGE

Auf den Ahrensfelder Bergen bist du so weit oben und draußen, dass du nachts den Mond, die Venus, den großen Wagen und ein paar andere Sternbilder gut sehen kannst. Leih dir am besten ein Teleskop, dann kannst du sogar die Mondkrater erkennen.

3 KARPFENTEICH

Nimm Decken, eine kleine Musikbox und Lichterketten mit, schmücke die Bäume und eröffne deinen privaten Dancefloor. Durch die kleinen, abgetrennten Wiesen fühlt es sich im Sommer an wie ein in stiller Übereinkunft veranstaltetes Festival. Damit dieser Ort so wundervoll bleibt, muss der Müll natürlich mitgenommen werden und die Lautstärke angemessen bleiben.

5 MUSEUMSINSEL

Tagsüber nicht unbedingt der Place to be, eignet sich die Museumsinsel perfekt für nächtliche Spaziergänge: Die Lichter der Kolonnaden und Museen tanzen auf der Spree und es fühlt sich an, als würde die Stadt nur einem selbst gehören. Wichtige Accessoires: eine gute Flasche Vino und Gläser.

4 KU'DAMM

Nachts, wenn die Schickeria verschwunden ist, bietet sich auf dem Ku'damm die Gelegenheit, mit einem Leihroller eine Spritztour zu machen. Man ist quasi allein und kann all the way up mit Blick aufs KaDeWe den Berliner Westen genießen. Absolutes Highlight: die Weihnachtsbeleuchtung.

AUSGEHEN

5 PLÄNTERWALD

Kurz hinter dem Restaurantschiff Klipper gibt es verschiedene kleine Buchten – mal mit Grillstelle, mal mit Bänken, mal einfach nur Lücken in der Bepflanzung –, die sich perfekt eignen, um abends selbst gemachte Drinks zu schlürfen, mit Freund*innen zu essen, Musik zu hören und dabei den Sonnenuntergang zu beobachten.

1 **Ahrensfelder Berge** Glambecker Ring 58, Marzahn

2 **Drachenberg** Drachenberg, Grunwald

3 **Karpfenteich** Alt-Treptow

4 **Ku'damm** Kurfürstendamm, Charlottenburg

5 **Plänterwald** Bulgarische Straße, Alt-Treptow

7 PLÖTZENSEE

Hand auf die nackte Brust: Wann warst du das letzte Mal nackig baden? Das ist das wohl schönste Gefühl. Wir würden sogar sagen: Wer noch nie kleiderlos baden war, weiß nicht, was Freiheit bedeutet. Nachts im Plötzensee bei Mondschein – unbezahlbar!

8 REGIERUNGSVIERTEL

Durch das Regierungsviertel zu schlendern macht vor allem im Dunkeln Spaß, denn dann verwandelt sich das tagsüber recht leblose Gebiet mit all seinen Brücken in ein Meer aus Lichtern und Spiegelungen.

9 SCHLEUSENUFER

Tischtennisturnier, Flutlicht-Edition: Das Coole an diesen Platten ist, dass sie windgeschützt und beleuchtet sind. Und das Wichtigste: Es gibt Spätis und eine Tankstelle in der Nähe – für Drinks ist also gesorgt.

10 WASSERTURM

Schnapp dir deine*n Liebste*n, pack einen Picknickkorb samt gutem Vino und Decke und sicher dir einen Platz auf der Wiese vor dem Wasserturm. Die Sicht auf den Fernsehturm ist abends so kitschig und schön, dass ihr euch direkt wieder ineinander verlieben werdet – oder auch zum ersten Mal!

11 WESERSTRASSE

Rund um die Weserstraße findest du so viele Spätis und Bars, dass die Gegend geradezu nach einer Spätitour schreit – und wenn du und deine Freund*innen dann doch müde seid, könnt ihr euch auf den weichen Sofas der unzähligen Bars für einen Absacker niederlassen.

AUSGEHEN

Kieztour

KIEZTOUR

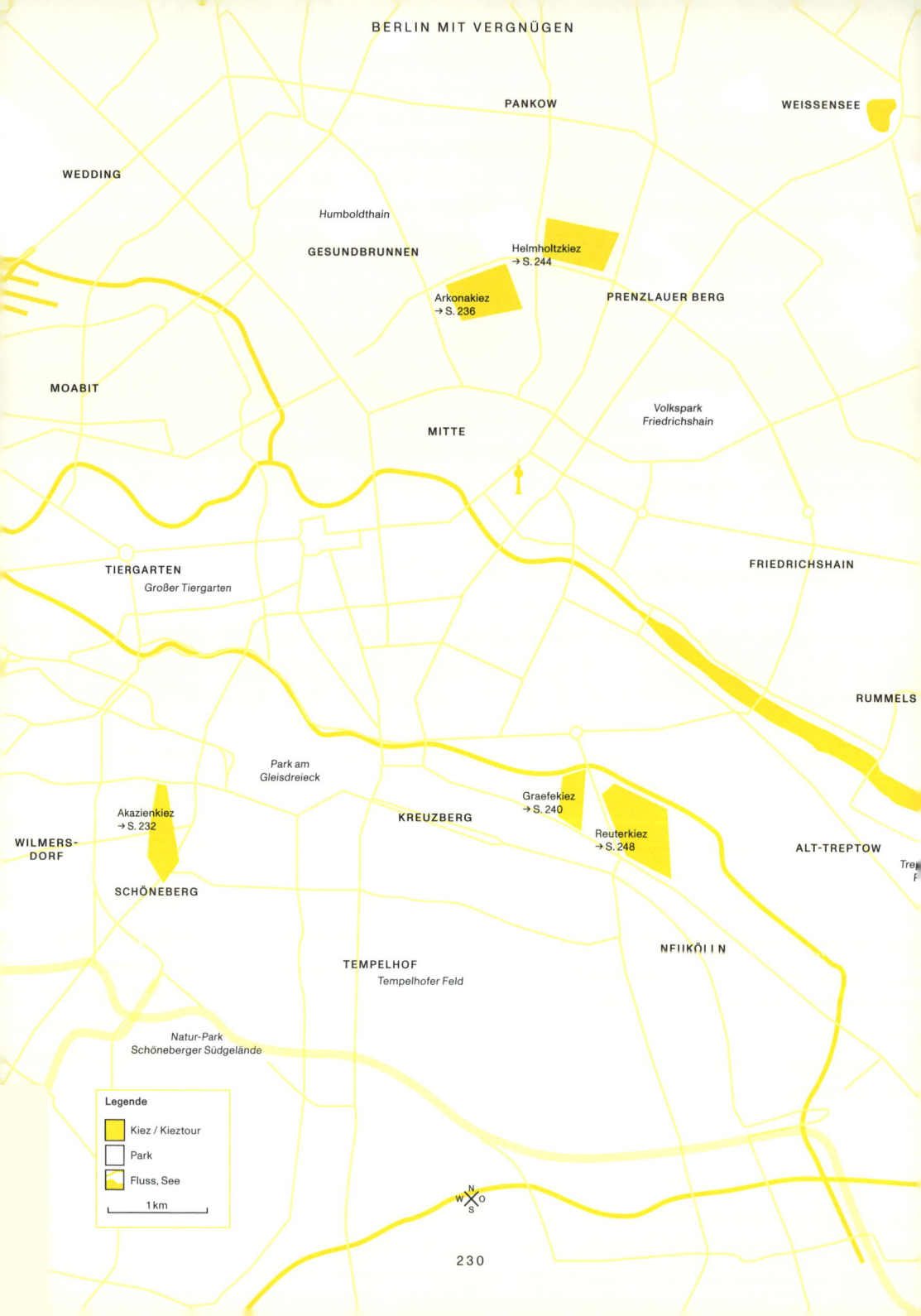

PANKOW

WEISSENSEE

WEDDING

Humboldthain

GESUNDBRUNNEN

Helmholtzkiez
→ S. 244

PRENZLAUER BERG

Arkonakiez
→ S. 236

MOABIT

Volkspark
Friedrichshain

MITTE

TIERGARTEN

Großer Tiergarten

FRIEDRICHSHAIN

RUMMELS

Park am
Gleisdreieck

Graefekiez
→ S. 240

Akazienkiez
→ S. 232

KREUZBERG

Reuterkiez
→ S. 248

WILMERS-
DORF

ALT-TREPTOW

Tre
F

SCHÖNEBERG

NEUKÖLLN

TEMPELHOF

Tempelhofer Feld

Natur-Park
Schöneberger Südgelände

Legende

Kiez / Kieztour

Park

Fluss, See

1 km

N
W O
S

Die Berliner Kieze

Berlin besteht aus zwölf Bezirken, 96 Ortsteilen und unfassbaren 434 Kiezen. Kein Wunder also, dass wir uns nicht damit zufriedengeben, Pankow als unseren Wohnort anzugeben, wenn wir doch eigentlich in Prenzlauer Berg wohnen, um nicht zu sagen im Helmholtzkiez.

Diese innerstädtischen Mikrokosmen relativieren nicht nur das turbulente Großstadtleben, jeder einzelne hat auch seine Besonderheiten, seine ganz eigene Kultur. Der Bergmannkiez hat einen ganz anderen Charme als der Wrangelkiez, und das, obwohl beide in Kreuzberg liegen.

Wir wollen dir mit unseren Kieztouren einen ganz besonderen Einblick in diese wunderbare, vielfältige Stadt geben und zeigen dir deswegen die Kieze, die für uns am wichtigsten sind. Weil wir hier wohnen, weil wir hier arbeiten, weil wir hier leben. Und natürlich, weil wir uns hier ganz besonders wohlfühlen.

KIEZTOUR

Kieztouren
Akazienkiez, Schöneberg
Arkonakiez, Mitte
Graefekiez, Kreuzberg
Helmholtzkiez, Prenzlauer Berg
Reuterkiez, Neukölln

Kieztour
Akazienkiez

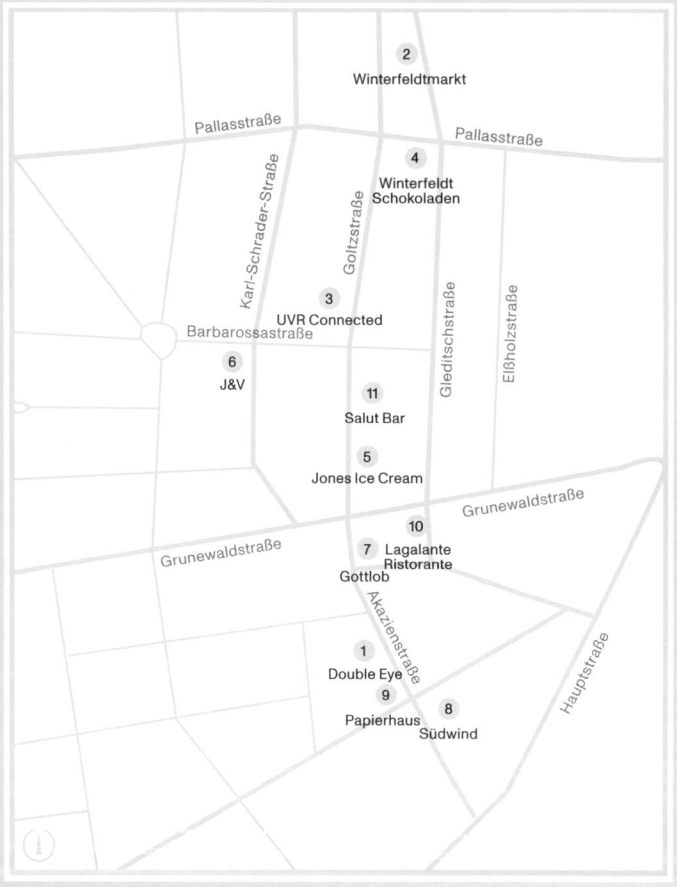

1 Double Eye, Akazienstraße 22
2 Winterfeldtmarkt, Winterfeldtstraße 40
3 UVR Connected, Goltzstraße 40a
4 Winterfeldt Schokoladen, Goltzstraße 23
5 Jones Ice Cream, Goltzstraße 3
6 J&V – Finest Industrial Vintage Furniture, Barbarossastraße 61
7 Gottlob, Akazienstraße 17
8 Südwind, Akazienstraße 7
9 Papierhaus, Belziger Straße 18
10 Lagalante Ristorante, Grunewaldstraße 82
11 Salut Bar, Goltzstraße 7
Schöneberg 10781/10823

Schöneberg

Unsere Kieztour starten wir mit Galão und Buttercroissant im Double Eye (1), dem Kultcafé des Kiezes. Danach geht's los Richtung Winterfeldtmarkt (2). Wir laufen die Goltz-straße runter, entlang des Fair-Fashion-Ladens UVR Connected (3) und des gemütlichen Eckcafés Winterfeldt Schokoladen (4). Wo früher Medizin verkauft wurde, liegen heute Hunderte Schokoladen im Regal.

Und wenn uns gerade nicht nach Schokolade ist, schlecken wir Eis bei Jones Ice Cream (5). Am Markt ange-kommen, drehen wir unsere übliche Runde vorbei an Galet-tes, Stockfisch und frischen Blumen. Dann schauen wir uns bei J&V– Finest Industrial Vintage Furniture (6) in der Bar-barossastraße schöne Industriemöbel an, die die Inhaber*in-nen eigenhändig aufarbeiten. Im Gottlob (7) ruhen wir uns mittags kurz aus und essen eine Kleinigkeit. Was immer geht: der Gottlob-Salat. Wenn noch Kleingeld übrig ist, ge-hen wir in den Feinkostladen Südwind (8), wo es seit über 30 Jahren allerlei aus Italien, Frankreich und dem Berliner Umland gibt. Im Papierhaus (9) gegenüber kaufen wir gern Geburtstagskarten. Abends gehen wir am liebsten ins La-galante (10). Chefkoch Antonio serviert hier erstklassige italienische Küche, und danach machen wir es uns auf den Chesterfield-Sofas der Salut Bar (11) gemütlich.

Mit Kaffee und Croissant im Double Eye in den Tag starten
doubleeye_coffeeroasters, www.doubleeye.de

Mittwochs und samstags über den Markt
am Winterfeldtplatz schlendern
www.winterfeldtplatz.winterfeldt-markt.de

Fair Fashion aus Berlin shoppen
uvr_connected, www.uvr-connected.de

Bei Winterfeldt Schokoladen in einer alten
Apotheke Pralinen und mehr kaufen
winterfeldtschokoladen,
www.winterfeldt-schokoladen.de

Hausgemachte Waffeln und fantastisches Eis bei Jones Ice
Cream schlecken
jonesicecream, www.jonesicecream.com

Schönste Vintage-Industriemöbel shoppen bei J&V
ⓘ joolsandvince, www.jandv.eu

Bei Südwind italienische Feinkost und weitere
Leckereien erstehen
www.suedwind.net

Zum Mittagstisch ins Gottlob
ⓘ gottlob_berlin

Im Papierhaus schöne Karten, Kalen-
der und Schreibwaren finden
ⓘ _papierhaus_, www.cailun.de/
ueber-papierhaus

Den Tag mit ausgezeichneter
italienischer Küche im Lagalante
ausklingen lassen
ⓘ lagalante_ristorante, www.lagalan-
te-restaurant.de

Alkoholische Evergreens in der Salut Bar
ⓘ salutbar, www.salut-berlin.de

K
I
E
Z
T
O
U
R

Kieztour
Arkonakiez

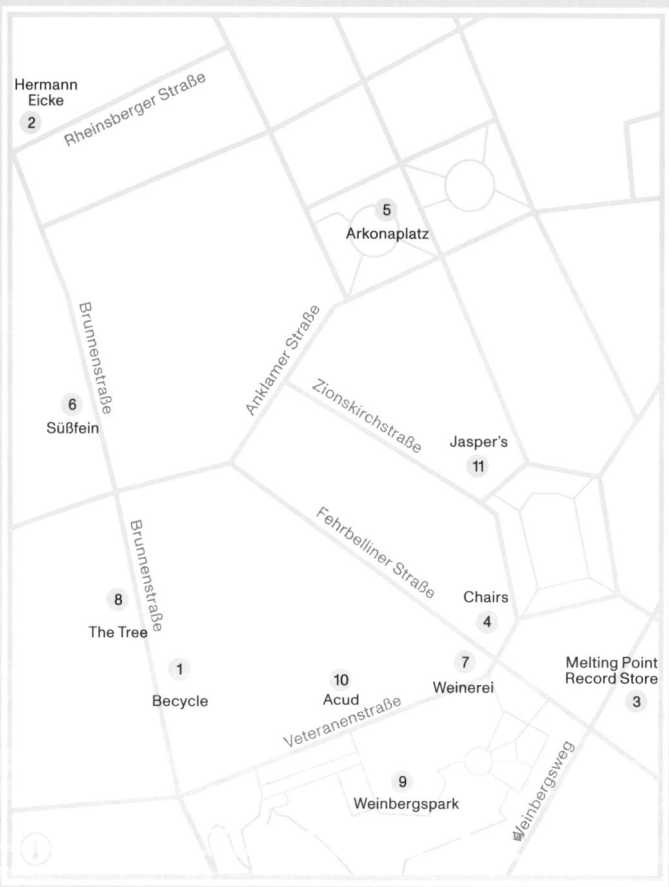

1 Becycle, Brunnenstraße 24
2 Hermann Eicke, Brunnenstraße 45
3 Melting Point Record Store, Kastanienallee 55
4 Chairs, Fehrbelliner Straße 25
5 Arkonaplatz
6 Süßfein, Brunnenstraße 156
7 Weinerei, Veteranenstraße 17
8 The Tree, Brunnenstraße 167
9 Weinbergspark, Weinbergsweg 14–20
10 Acud, Veteranenstraße 21
11 Jasper's, Anklamer Straße 27
Mitte 10115/10119

Mitte

Im Arkonakiez ist alles etwas gediegener, es gibt viele Wohnviertel, kleine Cafés und hübsche Parks. Zum Fcicrn verläuft sich hier ziemlich sicher niemand her.

Wir starten unsere Tour im Arkonakiez mit Sport. Im Becycle (1) auf der Brunnenstraße strampeln wir gemeinsam beim Cyclingkurs, bevor wir uns im Hermann Eicke (2) mit gutem Kaffee, Rührei mit Bergkäse, Bowls und Kuchen belohnen. Anschließend stöbern wir im Melting Point Record Store (3) nach Vinyls, im Chairs (4) nach schönen Vitra-Stühlen, und wenn der Disporahmen noch nicht gesprengt ist, spazieren wir sonntags über den Flohmarkt auf dem Arkonaplatz (5), freitags ist hier Markt. Im Süßfein (6) gibt es fabelhaftes Eis (Weiße-Schokolade-Tonkabohne ist das beste!) und im Winter warme Baumstriezel dazu. Anschließend schauen wir in der Weinerei (7) nach besonderen Weinen und Spirituosen, bevor wir uns im The Tree (8) mit chinesischem Essen vollfuttern. Unbedingt probieren: Kapok, eine lauwarme Nudelbowl mit Szechuanpfeffer. Im Sommer finden im Rosengarten des Weinbergsparks (9) fast jeden Dienstag kostenlose Filmvorführungen statt. Noch mehr Kultur gibt's ganzjährig im Acud (10), das Kunstverein, Theaterhaus, Galerie, Arthouse-Kino und Konzertsaal in einem ist. Und wenn wir feiern wollen, schmeißen wir im Jasper's (11) einfach unsere eigene Party.

Gemeinsam abstrampeln bei den Cycling-Kursen von Becycle
becycleberlin, www.becycle.de

Kaffee, belegte Bagels und hausgemachte
Kuchen im Hermann Eicke
hermanneicke, www.hermanneicke.de

Im Melting Point Record Store Platten
durchstöbern

Hübsche Sitzgelegenheiten bei Chairs
shoppen
chairsberlin, www.chairs-design.com

Auf dem Arkonaplatz im Grünen entspannt Tischtennis spielen
und freitags auf dem Markt einkaufen
www.troedelmarkt-arkonaplatz.de

In der Weinerei erlesene Weine und Öle shoppen
@ weinerei_forum, www.weinerei.com

Blueberry-Cheesecake- und Pistazien-
eis im Süßfein schlecken
@ suessfeinberlin,
www.suessfein-berlin.de

Feine chinesische Küche
aus Szechuan im The Tree
@ thetree.berlin

Im Weinbergspark kostenlos Filme im Freiluftkino im Rosengarten schauen
www.openair-kino.net/category/berlin/mitte

Im Acud in die Ateliers junger
Künstler*innen luschern, Filme und
Theaterstücke schauen
@ acudmachtneu, www.acud.de

Im Jasper's selbst Partys feiern
@ jaspersberlin, www.jaspers-berlin.de

K
I
E
Z
T
O
U
R

Kieztour
Graefekiez

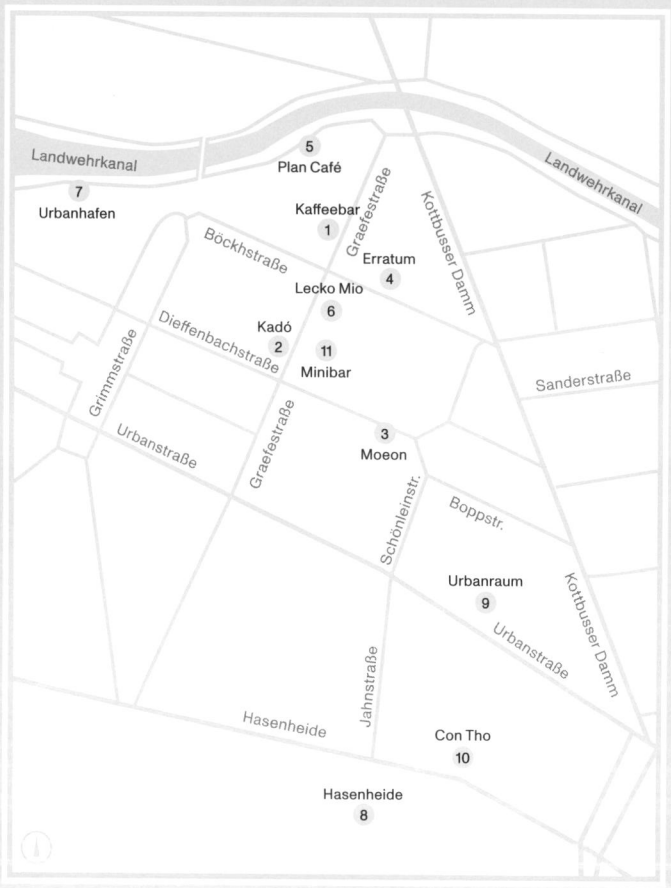

1 Kaffeebar, Graefestraße 8
2 Kadó, Graefestraße 20
3 Moeon, Schönleinstraße 10
4 Erratum, Böckhstraße 40
5 Plan Café, Planufer 92b
6 Lecko Mio, Graefestraße 80
7 Urbanhafen, Planufer
8 Hasenheide
9 Urbanraum, Urbanstraße 93
10 Con Tho, Hasenheide 16
11 Minibar, Graefestraße 77
Kreuzberg 10965/10967

Kreuzberg

Wir starten unsere Tour in der Kaffeebar (1) in der Graefestraße, wo es uns nicht nur die pochierten Eier, sondern auch die Zimtschnecken angetan haben. Danach geht es ins Kadó (2), den ersten Lakritzladen Deutschlands. Bei Moeon (3) shoppen wir nachhaltige Mode, bevor wir dann in die Galerie Erratum (4) zum Kunstgucken gehen. Weiter geht's ins Plan Café (5). Hier fließen zwar nicht Milch und Honig, dafür aber Schokolade aus dem Hahn, und im Sommer schlecken wir Eis bei Lecko Mio (6). Unbedingt probieren: das vegane Spaghettieis! Wir spazieren am Planufer entlang, beobachten Schwäne und genießen den Ausblick am Urbanhafen (7), dem Hotspot für alle Verliebten und Feierabendbiergenießer*innen. Im kostenlosen Tierpark in der Hasenheide (8) können wir Rehe und Co. besuchen und im Urbanraum (9) finden regelmäßig Performances junger Tänzer*innen statt. Zum Abendessen gehen wir ins Con Tho (10), ein vegetarisch-veganes vietnamesisches Restaurant. Zum Schluss rollen wir zurück in die Graefestraße und trinken einen Absacker in der wohl schmalsten Bar Berlins, der Minibar (11).

Avocadotoast und pochierte Eier in der Kaffeebar
kaffeebarberlin, www.kaffeebar-berlin.com

Angesagte nachhaltige Mode shoppen bei Moeon
moeon_berlin, www.moeon.de

Im Kadó Lakritz aus aller Welt
schnabulieren
www.kado.de

Bioschokolade aus dem Hahn und
leckere Waffeln im Plan Café
plancafe_berlin, www. plan-cafe-
plan-c.business.site

In der Galerie Erratum die Meisterwerke junger Künstler*innen bestaunen
erratum_galerie, www.erratumgalerie.de

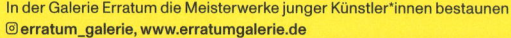

(Veganes) Spaghettieis und bunte
Becher im Lecko Mio
leckomio.berlin,
www.leckomio-gelateria.de

Im Tierpark Neukölln in der Hasenheide Tiere streicheln
www.tierpark-neukoelln.berlin

Das Ufer entlangspazieren und am Urbanhafen entspannen

Im Urbanraum tolle Performances ansehen
⊙ **urbanraum.berlin**, www.urbanraum.com

Vietnamesisch trifft regional: leckere Reismehlcrêpes und ausgefallene Tapas im Con Tho futtern
⊙ **conthoberlin**

In der vielleicht schmalsten Bar Berlins einen
Absacker trinken

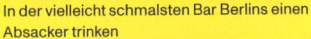

Kieztour
Helmholtzkiez

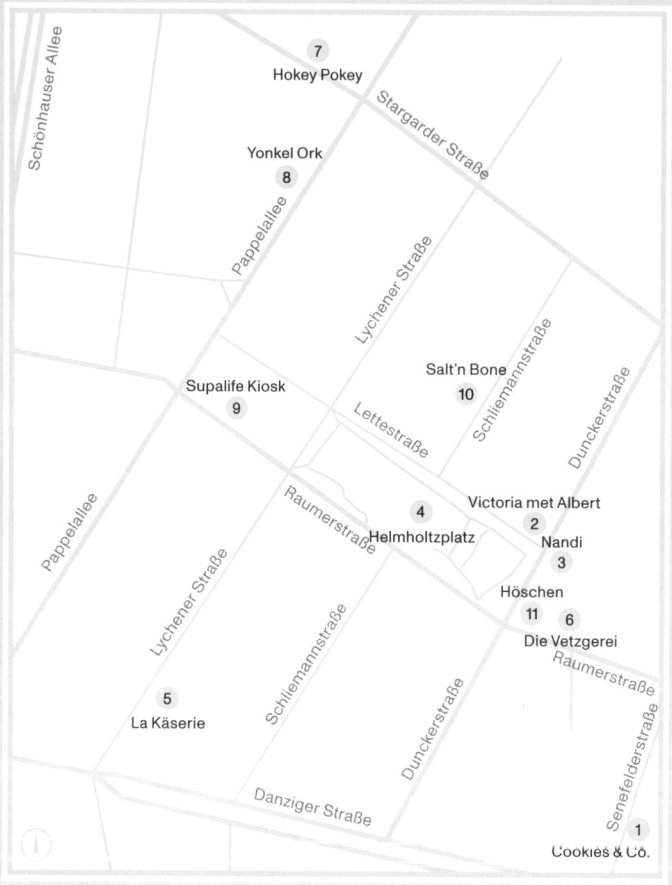

1 Cookies & Co., Senefelderstraße 4
2 Victoria met Albert, Dunckerstraße 81
3 Nandi, Dunckerstraße 11
4 Helmholtzplatz
5 La Käserie, Lychener Straße 6
6 Die Vetzgerei, Raumerstraße 36
7 Hokey Pokey, Stargarder Straße 72
8 Yonkel Ork, Pappelallee 63
9 Supalife Kiosk, Raumerstraße 40
10 Salt'n Bone, Schliemannstraße 31
11 Höschen, Dunckerstraße 9
Prenzlauer Berg 10437

Prenzlauer Berg

Partytourist*innen und gehetzte Großstädter*innen sucht man im Helmholtzkiez vergeblich. Es sind die Gelassenheit und Ruhe, die uns und zahlreiche junge Familien hierherziehen.

Wir starten unsere Kieztour mit Cookies und herzhaften Quiches im Cookies & Co. (1). Satt geht's weiter in die Dunckerstraße, wo wir entweder bei Victoria met Albert (2) schöne Klamotten shoppen oder im Nandi (3) nach Wohnaccessoires schauen. Gegenüber ist der Helmholtzplatz (4), wo nicht nur ein netter Spielplatz und Tischtennisplatten warten, sondern auch regelmäßig Kinderflohmärkte stattfinden. Wieder hungrig hüpfen wir dann entweder zu La Käserie (5) und decken uns mit französischem Käse ein oder zur Vetzgerei (6), wo wir die veganen Varianten traditioneller Fleischgerichte bekommen. Wenn's süß sein soll, schlecken wir Eis bei Hokey Pokey (7) in der Stargarder Straße, wo man die Eiskugel in Mini-Marshmallows dippen kann. Anschließend geht's weiter in Richtung Pappelallee ins Yonkel Ork (8). Dort schauen wir nach hübschen Kindersachen und kleinen Geschenken. Wenn wir Lust auf Kunst haben, gehen wir in den Supalife Kiosk (9), eine Galerie samt Shop. Zum Abendessen gehen wir ins Salt'n Bone (10) zu deftigem Barfood wie Scotch Eggs und Burgern. Und wenn wir danach durstig sind, verschwinden wir im Höschen (11) und genehmigen uns einen Absacker.

Kekse und Kaffee bei Cookies & Co.
🔲 cookiesandcoberlin,
www.cookiesandco.eatbu.com

Schöne Klamotten und Interiors bei Victoria met Albert
🔲 victoria_met_albert, www.victoriametalbert.com

Bei Nandi wunderschöne Wohnaccessoires shoppen
und Gutes tun
🔲 nandi.berlin, www.nandistore.com

Auf dem Spielplatz am Helmholtzplatz spielen
und über den Flohmarkt spazieren
www.kinderflohmarkt-helmholtzplatz.de

Französisches Käseparadies bei
La Käserie
🔲 lakaeserie, www.lakaeserie.de

Traditionelles Handwerk und vegane Aufschnitte in der Vetzgerei
⊙ **vetzgerei, www.dievetzgerei.berlin**

Ausgefallene Eissorten bei Hokey
Pokey schlecken
⊙ **eispatisserie_hokeypokey**

Geschenke und süße Kindersachen bei Yonkel
Ork kaufen
⊙ **yonkel_ork, www.yonkelork.de**

Kunst gucken und kaufen im
Supalife Kiosk
⊙ **supalifekiosk, www. supalife.de**

Im Salt'n Bone fassgelagerten
Negroni schlürfen und deftiges
Pubfood schnabulieren
⊙ **salt_n_bone, www.saltnbone.de**

Feuchtfröhliche Abende im
Höschen verbringen

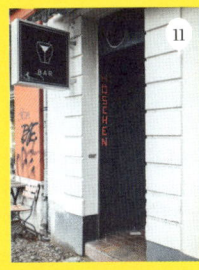

K
I
E
Z
T
O
U
R

Kieztour
Reuterkiez

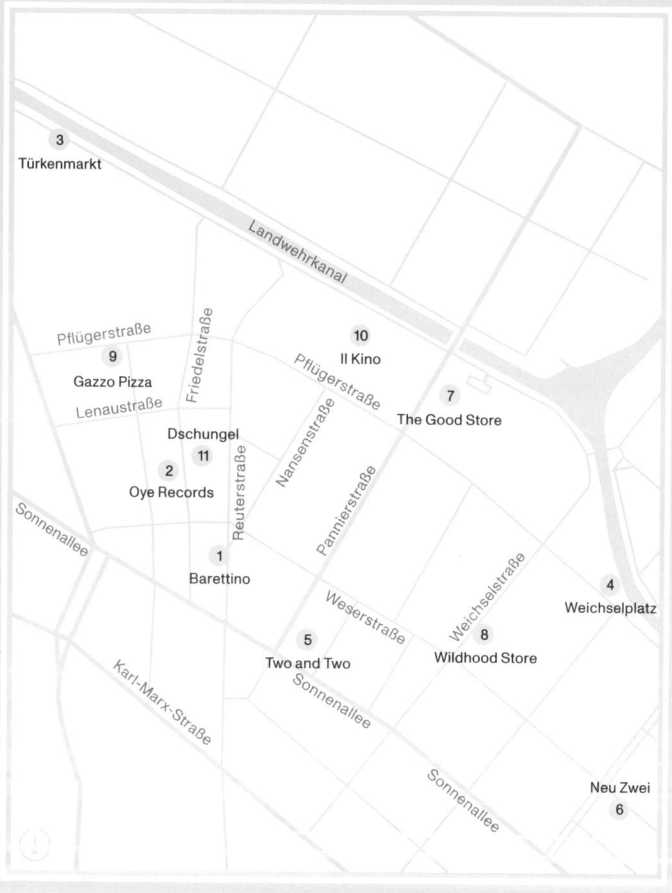

1 Barettino, Reuterstraße 59
2 Oye Records, Friedelstraße 49
3 Türkenmarkt, Maybachufer
4 Weichselplatz
5 Two and Two, Pannierstraße 6
6 Neu Zwei, Weserstraße 53
7 The Good Store, Pannierstraße 31
8 Wildhood Store, Weichselstraße 22
9 Gazzo Pizza, Hobrechtstraße 57
10 Il Kino, Nansenstraße 22
11 Dschungel, Friedelstraße 12
Neukölln 12045/12047

Neukölln

Arabische Bäckereien, Obst- und Gemüsestände, Secondhand- und Vintage-Shops, Cafés, Restaurants und jede Menge Bars: Im Reuterkiez ist immer was los.

Wir starten unsere Kieztour im Barettino (1) in der Reuterstraße, wo wir leckere italienische Frühstücksplatten und Panoni futtern, bevor es uns zum Stöbern zu Oye Records (2) zieht. Danach spazieren wir zum Maybachufer. Hier findet jeden Dienstag und Freitag der bekannte Türkenmarkt (3) mit günstigem Obst und Gemüse, samstags der Stoffmarkt und jeden zweiten Sonntag der Nowkoelln Flowmarkt statt. Am Kanal entlang geht's auf eine Partie Tischtennis weiter zum Weichselplatz (4). Anschließend gönnen wir uns Kaffee und Kuchen im Two and Two (5), wo außerdem hübsche japanische Schreibwaren verkauft werden. Dann durchstöbern wir die vielen Vintage-Läden, etwa Neu Zwei (6) und The Good Store (7) in der Weser- und Pannierstraße oder den hippen Outdoor-Laden Wildhood Store (8), bevor wir uns hungrig auf die Sauerteigpizza bei Gazzo (9) stürzen. Den Nachtisch lassen wir aus, denn danach spazieren wir ins Il Kino (10), um Popcorn futternd Arthouse-Filme zu sehen. Und weil jeder Tag in einer Bar endet und eine gute Nacht dort beginnt, steppen wir anschließend in den Dschungel (11), wo alles voller Pflanzen ist.

KIEZTOUR

Italienische Frühstücksplatten und getoastete Panoni im Barettino in Neukölln
barettinoberlin, www.barettino.com

Auf dem Türkenmarkt jeden Dienstag und Freitag Gemüse und Obst kaufen und türkische Leckereien futtern
www.tuerkenmarkt.de

House-, Techno-, Neo-Disco- und Bassmusik-Vinyls bei Oye Records shoppen
oyerecordstore
www.oye-records.com

Französische Leckereien und japanische Schreibwaren im Two and Two
twoandtwocafe
www.twoandtwoberlin.com

Auf eine Partie Tischtennis am Weichselplatz haltmachen

Levi's, Acne und Co. gebraucht, aber neuwertig im Neu Zwei shoppen
neuzwei

Hochwertige Secondhand-Klamotten
und hübschen Schmuck durchstöbern
ⓞ goodthingswillhappensoon,
www.thegoodstore.berlin

Alles, was hippe Großstädter*innen für den Outdoor-
Urlaub brauchen, im Wildhood Store shoppen
ⓞ wildhoodstore, www.wildhoodstore.de

Leckere Sauerteigpizza und tolle Gastgeber*innen im Gazzo
ⓞ gazzopizza, www.gazzopizza.com

Auf einen Absacker in den Dschungel
ⓞ dschungelbar

Im schnuckeligen Il Kino Arthouse-Filme
sehen und Vino schlürfen
ⓞ ilkinoberlin, www.ilkino.de

Ausflug

AUSFLUG

Frisch verliebt

Frisch verliebt zu sein ist das vielleicht schönste Gefühl der Welt. Wir leben in unserer eigenen Happy Bubble, denken pausenlos an unsere Liebsten und sind dabei fast so kitschig wie alle Til-Schweiger-Filme zusammen. Wir verbringen jede freie Minute miteinander, ziehen uns mindestens so gern aus, wie wir uns anziehen, und verlassen die Wohnung nur, wenn's sein muss.

Weil wir mit unseren Liebsten aber auch gemeinsam Dinge erleben wollen und viele gemeinsame erste Male vor uns haben, verlassen wir das ein oder andere Mal dann doch unser Bett für einen Ausflug. Und, naja, an den meisten Orten könnt ihr euch auch schon relativ schnell wieder ausziehen. So ganz wollen wir die Welt von *Keinohrhasen* und *What a Man* dann nämlich doch nicht verlassen.

A–Z

1   Camp Moeve
2   Elisabeth am See
3   Fontane Therme
4   Gut Wendgräben
5   Landhaus No. 8
6   Naturpark Westhavelland
7   Ökodorf Brodowin
8   Re:hof Rutenberg
9   TV-Asahi-Kirschblütenallee
10 Wasserwerk Bad Saarow
11 Werder

AUSFLUG

Camp Moeve

Verbringt einen Glamping-Urlaub im Camp Moeve

Spree-Neiße
Gutsstraße 7, 03116 Drebkau

Der Zeltplatz Camp Moeve liegt idyllisch direkt am Gräbendorfer See im Süden von Brandenburg. Hier kannst du mit deinem liebsten Menschen in komfortablen Glamping-Zelten schlafen, die euren romantischen Campingtrip zu einem ganz besonderen Erlebnis machen. Die Zelte sind ausgestattet mit Betten und Bettwäsche und einer kleinen Unterbringungsmöglichkeit für die Kleidung. Morgens wacht ihr mit dem Zwitschern der Vögel in den Bäumen auf, abends schlaft ihr mit Blick auf einen phänomenalen Sonnenuntergang ein.

Dabei wird auch sonst Entspannung großgeschrieben: Zwischen den Bäumen hängen Hängematten, direkt am Wasser gibt es eine überdimensionierte Schaukel und am Privatsteg, der zum Wasser führt, könnt ihr an heißen Sommertagen wunderbar chillen.

@camp_moeve
www.domo-camp.org/camp-moeve

Tipp
Reserviert schon am Vorabend zwei Stand-up-Paddle-Boards und erkundet den See vom Wasser aus.

Elisabeth am See

Stilvoll am Templiner See übernachten

Potsdam-Mittelmark
Krughof 50, 14548 Schwielowsee

Wer sich einmal in das Landhaus Elisabeth am See eingemietet hat, will wohl nie wieder woanders wohnen, denn das 1930 erbaute Haus besticht heute mit Luxus: wunderschöne stilvolle Einrichtung, ein eigener Spabereich, ein direkter Zugang zum Templiner See und ein großzügiger Garten. Mitten in der Natur könnt ihr hier traute Zweisamkeit genießen und einfach das ganze Wochenende nackig bleiben.

@elisabeth_am_see
www.elisabeth-am-see.com

 Tipp
Das Haus ist für bis zu vier Personen geeignet, wer Lust auf einen Pärchenausflug hat, ist hier also auch richtig.

Fontane Therme

Hüpft ins kühle Nass nach einer entspannten Session in der Seesauna

Ostprignitz-Ruppin
An der Seepromenade 21, 16816 Neuruppin

In Neuruppin befindet sich, direkt am See gelegen, die schicke Fontane Therme. Hier könnt ihr eure vom Alltagsstress schikanierten Körper ausgiebig verwöhnen lassen. Statt auf Wolke 7 schwebt ihr im Solebecken, planscht im wohltemperierten Thermalbad oder zieht euch für Zweisamkeit und noch mehr Entspannung in den Ruheraum zurück.

Das eigentliche Highlight erwartet euch aber direkt auf dem Wasser: In der Seesauna genießt ihr erstklassige Aufgüsse, während ihr auf den schwebenden Bänken hin und her schaukelt. Vergesst nicht die Sanduhr umzudrehen, denn die Aussicht auf den See ist so gigantisch, dass ihr schnell die Zeit vergesst! Nach dem Schwitzen könnt ihr raus auf den Steg laufen und zur Abkühlung gemeinsam in den kühlen See springen.

@resort.mark.brandenburg
www.resort-mark-brandenburg.de/fontane-therme

AUSFLUG

Gut Wendgräben

Mitten in Brandenburg in toskanischem Flair
Liebesurlaub machen – und später dort heiraten

Brandenburg
Wendgräben 19, 14776 Brandenburg

Gut Wendgräben, von uns liebevoll Wendi genannt, zählt zu den schönsten Orten, die wir in Brandenburg kennen. So schön, dass wir dort schon alle gemeinsam Urlaub gemacht haben. Umgeben von Feldern, Wäldern und Seen liegt der schöne Gutshof von Stefan und Hanna, der einen an sonnigen Tagen direkt in den Toskana-Urlaub versetzt. Die zehn Ferienwohnungen sind individuell und ziemlich stylish eingerichtet, der riesige Garten bietet Platz zum Grillen, Sonnen und Tischtennisspielen und die großen Bäume laden dazu ein, unter ihnen zu frühstücken, mittags Kaffee zu trinken, die Ruhe zu genießen und die Grashalme unter den nackten Füßen zu spüren.

Wenn ihr euch bei eurem ersten Wochenendtrip genauso in die Location verliebt wie ineinander, könnt ihr hier übrigens auch eure Hochzeit feiern. Gibt es eine schönere Geschichte als die, dass ihr an dem Ort heiratet, an dem ihr euren ersten gemeinsamen Urlaub gemacht habt?

@gutwendgraeben
www.gut-wendgraeben.de

Tipp

An den nahe gelegenen Breitling- und Möserscher Seen kann man sich auch Boote mieten – einem romantischen Bootsausflug steht also nichts im Wege.

Landhaus No. 8

Saunieren mit Panoramablick im Landhaus No. 8

Oberhavel

Forststraße 8, 16775 Großwoltersdorf-Buchholz

Raus aus der Stadt und rein in die malerische Landschaft Brandenburgs: In Buchholz hat die Eigentümerin Anette Stolle mit dem Landhaus No. 8 den perfekten Ort geschaffen, um sich vom trubeligen Berlin zurückzuziehen.

Insgesamt vier Personen können auf dem rund 6.000 Quadratmeter großen Areal entspannen und die Natur genießen – hier habt ihr nämlich wirklich von jedem Raum, sogar von der Sauna aus, einen Blick ins Freie. Angrenzend an das Areal liegen viele Wälder und Seen, der bekannteste ist wohl der Große Stechlinsee, in dem ihr im Sommer wunderbar baden könnt.

@maerkischeslandhaus

www.landhaus-no8.de

 Tipp

Direkt am Ufer des Stechlinsees entlang führt ein toller Wanderweg.

AUSFLUG

Naturpark Westhavelland

Unterm Sternenhimmel knutschen

Havelland
Gülpe, 14715 Havelaue

Wer schon mal nachts über Berlin geflogen ist, weiß, dass in der Haupt-stadt nie so richtig Nacht ist. Durch die ganzen Lichter ist es in Berlin nämlich leider so hell, dass romantische Nächte unterm Sternenhimmel eigentlich nicht möglich sind. Gut, dass in Brandenburg mit Gülpe der dunkelste Ort Deutschlands liegt und der angrenzende Naturpark 2014 von der International Dark-Sky Association (IDA) zum ersten Sternenpark Deutschlands ernannt wurde.

Mietet euch ein Auto, packt ein romantisches Picknick, eine gute Flasche Rotwein und zwei Gläser sowie eine Picknickdecke und eine Lichterkette ein und fahrt dem Sonnenuntergang entgegen aus Berlin raus in den Sternenpark Westhavelland. Hier lässt es sich ganz fabelhaft miteinander auf der Decke kuscheln, Sternschnuppen zählen und knutschen.

www.westhavelland-naturpark.de

Tipp
Der Perseiden-Meteorstrom ist jedes Jahr zwischen Mitte Juli und Mitte August besonders aktiv. Auf dem Höhepunkt könnt ihr bis zu hundert Sternschnuppen in der Stunde sehen.

Ökodorf Brodowin

Im Ökodorf Brodowin in der Molkerei zusehen und Picknickräder leihen

Barnim

Brodowiner Dorfstraße 89, 16230 Chorin

Das Ökodorf Brodowin ist, nicht zuletzt durch den ziemlich genialen Lieferdienst in Berlin, nicht unbedingt ein Geheimtipp, trotzdem aber einer der schönsten Höfe der Umgebung. In der Schaumolkerei könnt ihr zusehen, wie Käse gemacht wird, im Hofladen Lebensmittel in Demeter-Qualität einkaufen, bei einer Hofführung alle Ecken des Hofs kennenlernen und im Klostercafé entspannen.

Wer's etwas aktiver mag, kann sich auch eines der Picknickfahr-räder leihen und mit einem vollen Biopicknickkorb gemütlich auf der Wiese schnabulieren.

@oekodorfbrodowin

www.brodowin.de

A
U
S
F
L
U
G

Re:hof Rutenberg

Mit Feuerstelle und Sauna in der Natur übernachten

Uckermark

Dorfstraße 23, 17279 Lychen

Ungestört die Natur und die Zweisamkeit genießen könnt ihr auf dem Re:hof Rutenberg in der Uckermark. Denn hier haben zwei Künstler*innen einen ehemaligen Pfarrhof mit großem Garten zu einem Ort der Entspannung und Ruhe umgestaltet.

Wohnen könnt ihr in Lofts auf dem Heuboden des ehemaligen Stalls, in Gartenhäusern zwischen alten Obstbäumen, in einer Ferienwohnung im Pfarrhaus oder in einem weiteren Apartment im Hofgebäude. Außerdem befinden sich auf dem Gelände eine Feuerstelle, eine Sauna mit Blick ins Grüne, verschiedene Terrassen und ein schöner alter Pfarrgarten, zu dem alle Besucher*innen Zutritt haben.

www.rehof-rutenberg-ferienhaus-brandenburg.de

TV-Asahi-Kirschblütenallee

Macht eine Fahrradtour entlang der zauberhaften Kirschblütenallee in Teltow

Potsdam-Mittelmark
Kriemhildstraße 15, 14513 Teltow

Brandenburg eignet sich aufgrund seines flachen Terrains perfekt für lange, entspannte Fahrradtouren. Eine besondere Tour führt entlang einer vor allem im Frühling atemberaubend schönen Kirschblütenallee im Fläming zwischen Teltow und Berlin-Lichterfelde.

Wo einst die Mauer stand, säumen heute auf 1,5 Kilometern tausend Kirschbäume den Grünstreifen. Diese wurden 1990, nach dem Fall der Mauer und der Wiedervereinigung, von einem japanischen TV-Sender gespendet. Die Tradition der Japaner*innen besagt, dass Kirschblüten Frieden und Ruhe bringen.

www.teltowerplatte.de/tv-asahi-kirschbluetenallee

Tipp
Verpasst nicht das Kirschblütenfest Hanami, das hier jedes Jahr Ende April stattfindet.

265

Wasserwerk Bad Saarow

Schaut vom Wasserturm in Bad Saarow auf den Scharmützelsee

Oder-Spree
Ulmenstraße 12, 15526 Bad Saarow

Ausgefallene Architektur und tolle Ausblicke auf vier Etagen findet ihr im Wasserwerk Bad Saarow. Einst produzierte das Wasserwerk Strom für die Umgebung von Bad Saarow, heute befinden sich in dem über hundert Jahre alten Gebäude extrem stylishe Ferienwohnungen, in denen man die Welt draußen vergessen kann.

Besonders romantisch ist der Wasserturm, der mit Sky Lounge, Kaminzimmer und einem Mini-Spa mit Whirlpool daherkommt. Das E-Werk-Loft dagegen begeistert mit einer frei schwebenden Bettschaukel in sage und schreibe neun Metern Höhe.

www.wasserwerk-badsaarow.de

Werder

Bei Krüger & Till ein Boot ausleihen

Potsdam-Mittelmark
Unter den Linden 17, 14542 Werder (Havel)

Auf Bootsanlegestellen werdet ihr in Werder so oft treffen wie in Berlin auf Spätis. Es gibt sie gefühlt einfach überall. Falls es euch aber zu langweilig sein sollte, euch nur von A nach B schippern zu lassen, solltet ihr euch euer eigenes Boot bei Krüger & Till ausleihen. Paddeln? Mit dem Kajak losjagen? Oder darf es etwas luxuriöser sein? Ihr findet sicher das passende Boot, um damit die Umgebung (auch gern bis nach Potsdam und Berlin hinein) zu erkunden.

www.wassersport-werder.de

AUSFLUG

Spätaufsteher*innen

Das vielleicht Beste am Wochenende ist doch, ausschlafen zu können. Endlich mal nicht vom Wecker aus den schönen Träumen gerissen zu werden und nicht die Stulle auf dem Weg zur U-Bahn Frühstück nennen zu müssen, sondern ein ausgedehntes Frühstück am heimischen Esstisch zu genießen.

Für uns gehört zu einem perfekten Wochenende aber auch immer ein kleiner Ausflug dazu, man muss ja nicht schon im Morgengrauen los. Wenn du gern länger schläfst oder mit den Minis keine allzu langen Strecken zurücklegen willst, gibt es auch unweit der Berliner Stadtgrenzen wirklich tolle Orte, die ihr entdecken könnt.

A–Z
1 Barfuß-Erlebnispark Gerswalde-Berkenlatten
2 Beelitzer Baumkronenpfad
3 Briesetal
4 Die Gläserne Molkerei
5 Freizeitpark Germendorf
6 Karls Erdbeerhof
7 Kletterwald Schorfheide
8 Museum Barberini
9 Rennbahn Hoppegarten
10 Schlosspark Babelsberg
11 Spreewood Distillers

AUSFLUG

Barfuß-Erlebnispark Gerswalde-Berkenlatten

Die Füße durchmassieren lassen im Barfuß-Erlebnispark

Uckermark
Berkenlatten 6, 17268 Gerswalde

Barfuß-Erlebnispfade gibt es viele. Meist hält man seine Füße in etwas Wasser, läuft dann über Rindenmulch und kann abschließend noch ein bisschen die Zehen im Sand versinken lassen. Das ist meist ganz angenehm, doch mehr auch nicht.

Der Barfuß-Erlebnispark neben Hartmut Rätz' Straußenfarm hat es hingegen in sich: 45 Stationen gilt es zu meistern. Dabei geht es durch Schlamm, über Nägel und sogar durch ein Becken mit Kronkorken. Das macht Spaß, ist zugleich aber auch ziemlich hart. Am Ende fühlen sich die Füße ebenso wund wie gesund an und ihr merkt richtig, was ihr getan habt.

@barfusserlebnispark
www.barfuss-erlebnispark.de

Beelitzer Baumkronenpfad

Über die Baumwipfel schauen auf dem Beelitzer Baumkronenpfad

Potsdam-Mittelmark
Straße nach Fichtenwalde 13, 14547 Beelitz

Ein 320 Meter langer Pfad in 23 Metern Höhe, der sich zwischen den Gebäuden der ehemaligen Heilstätten und den namensgebenden Baumkronen entlangschlängelt: Der Baumwipfelpfad hat 2015 eröffnet und bietet von hoch oben eine tolle Aussicht auf Beelitz und die Umgebung.

Im Anschluss solltet ihr auf jeden Fall an einer Führung durch die ehemaligen Räumlichkeiten wie Kranken- oder Operationszimmer teilnehmen – natürlich nur dann, wenn ihr oder die Kinder sich nicht fürchten!

@baumundzeit
www.baumundzeit.de

AUSFLUG

Briesetal

Im Briesetal flanieren und sich wie in *Herr der Ringe* fühlen

Oberhavel
Brieseallee 20, 16547 Birkenwerder

Was passiert eigentlich, wenn man mit der S8 bis zur Endstation fährt? Wir können es euch sagen: In Birkenwerder (das ist schon Brandenburg!) könnt ihr einen wundervollen Spaziergang machen oder zu einer kleinen Radtour starten.

Das Briesetal hätte auch Kulisse für *Herr der Ringe* sein können, ist aber einfach nur ein schönes Fleckchen mit Wald, Sträuchern und Feuchtbiotop. Wenn ihr euch nicht weit von Birkenwerder wegbewegt, solltet ihr es euch nach dem Spaziergang auf der Seeterrasse am Boddensee gemütlich machen. Wer bis nach Zühlsdorf unterwegs ist, kann einen Stopp im Alten Forsthaus Wensickendorf einplanen.

www.barnim-naturpark.de/themen/routen-touren/
rundwanderung-durch-das-briesetal

AUSFLUG

Die Gläserne Molkerei

Führungen durch die Gläserne Molkerei machen

Dahme-Spreewald
Molkereistraße 1, 15748 Münchehofe

Wer auch in Berlin in den Genuss von Milch, Käse und Butter frisch von Bäuer*innen kommen will, der sollte sich die Gläserne Molkerei auf der Karte markieren. Wie der Name schon vermuten lässt, könnt ihr dort Führungen durch die Produktionsstätten machen. Außerdem gibt es auf dem Gelände einen Themengarten, der in einen Stauden-, Jahreszeiten- und Kräutergarten unterteilt ist und zur Erkundungstour einlädt.

Wer nach dem vielen Input lieber schnabulieren will, kann sich im angrenzen Hofladen mit den Leckereien aus der Molkerei und fantastischem Brot aus einer nahe gelegenen Bäckerei eindecken. Wir empfehlen besonders: die gesalzene Fassbutter und den Biobockshornkleekäse. Yummy!

⊙glaeserne_molkerei
www.glaeserne-molkerei.de

Freizeitpark Germendorf

Dinos gucken im Freizeitpark Germendorf

Oberhavel

An den Waldseen 1a, 16515 Oranienburg

In nicht mal einer halben Stunde könnt ihr vom Berlin der Gegenwart in die Trias-, Jura- und Kreidezeit reisen. Im Freizeitpark Germendorf stehen Dinosaurier aller Art in Lebensgröße in der Landschaft und laden Kinder wie auch Erwachsene zum Entdecken, Staunen und Fantasieren ein. Wem der T-Rex im Naturkundemuseum nicht genug ist, sollte hierher kommen, auch wenn die Skelette nicht echt sind.

@tierparkgermendorf

www.freizeitpark-germendorf.de

A
U
S
F
L
U
G

Karls Erdbeerhof

Im Erlebnisdorf Kindheitsträume
wahr werden lassen

Havelland
Zur Döberitzer Heide 1, 14641 Wustermark

Denken wir an Karl, denken wir schon lange nicht mehr nur an die lustigen Erdbeerstände, die sich im Frühjahr in ganz Berlin tummeln und uns mit leckeren Erdbeeren versorgen, sondern auch an den Erlebnispark in Elstal, in dem sich nicht nur Kinder austoben können.

Es gibt eine Riesenschaukel, Hüpfkissen, einen Irrgarten, Rutschen, eine Kletterwelt, eine Traktorbahn, eine Schatzhöhle, eine Eiswelt, ein Maislabyrinth und sogar eine Achterbahn. Wer hier auch als Erwachsene*r keinen Spaß hat, hat wohl generell keinen Spaß im Leben.

@karlserlebnisdorf
www.karls.de/elstal

Kletterwald Schorfheide

In der Schorfheide beim Klettern auspowern und anschließend picknicken

Barnim
Prenzlauer Straße 16, 16244 Schorfheide

Klettern ist das neue Aktivhobby unserer Generation. Wer diesem Hobby nicht nur in dunklen Hallen nachhängen will, dem sei der Kletterwald Schorfheide ans Herz gelegt. Was gibt es Schöneres als einen Waldhochseilgarten mit unterschiedlichen Schwierigkeitsgraden und Hindernissen in unterschiedlichen Höhen, die es mit Seilen oder Netzen zu überwinden gilt?

Eine wunderschöne Art und Weise, mit der Gang zwischen den Baumkronen abzuhängen. Am besten gleich noch einen Picknickkorb einpacken, denn Klettern macht hungrig.

@kletterwald_schorfheide
www.kletterwald-schorfheide.de

AUSFLUG

Museum Barberini

In Potsdam flanieren und Ausstellungen berühmter Künstler*innen besuchen

Potsdam
Humboldtstraße 5–6, 14467 Potsdam

Wir sind ja große Fans von Potsdam: Zwischen Villen und Speed-booten wiegt das Leben gleich eine gefühlte Tonne leichter.

Seit Januar 2017 gibt es noch einen Grund mehr, in den nächsten Regio zu springen, denn da eröffnete das Museum Barberini in dem im 18. Jahrhundert erbauten Palazzo Barberini (inspiriert vom gleich-namigen Palazzo in Rom). Den Anfang machte eine Ausstellung mit impressionistischen Werken von Claude Monet bis Gustave Caille-botte. Und auch die übrigen Ausstellungen arbeiten mit berühmten Künstler*innen des 20. Jahrhunderts.

@museumbarberini
www.museum-barberini.com

 Tipp

Täglich (außer dienstags) könnt ihr um 11, 12 und 15 Uhr und donnerstags zusätzlich um 17 Uhr an einer öffentlichen Führung durch die aktuellen Ausstellungen teilnehmen.

Rennbahn Hoppegarten

Pferdewetten in Hoppegarten

Märkisch-Oderland

Goetheallee 1, 15366 Hoppegarten

Einmal richtig posh sein, britische Royals-Luft schnuppern und Fascinator oder Zylinder tragen – auf der Pferderennbahn Hoppegarten ist das möglich. Zumindest, wenn man sich in eine der teuren Logen mit weißen Tischdecken einmietet.

Für alle anderen sind die Renntage hier ein ziemlich schöner Anlass, draußen mit Freund*innen und Kindern zu picknicken und ein bisschen das Glück herauszufordern. Wir haben leider keine Ahnung von Pferden und schon gar nicht von Rennen, setzen aber immer auf das Pferd mit dem lustigsten Namen. Reich sind wir zwar noch nicht geworden, aber Spaß macht es trotzdem.

@rennbahn.hoppegarten

www.hoppegarten.com

Tipp

Auf dem Gelände sind Drinks und Essen nicht so günstig,
es ist aber erlaubt, selbst etwas mitzubringen.
Packt euch also einen großen Picknickkorb und ab geht's!

AUSFLUG

Schlosspark Babelsberg

Spazieren gehen und knutschen im Park Babelsberg

Potsdam
Park Babelsberg 10, 14482 Potsdam

Babelsberg ist nicht nur für das größte Filmstudio Europas bekannt, sondern auch für das Schloss Babelsberg und den gleichnamigen Park, der romantischer ist, als es sich Kai Pflaume in *Nur die Liebe zählt* hätte erträumen können.

Das ist vielleicht auch der Grund, weshalb es ziemlich viele turtelnde Pärchen nicht nur zum Spazieren entlang der Havel dorthin zieht. Im Park könnt ihr auch den Flatowturm, das Dampfmaschinenhaus und natürlich das kleine Schloss entdecken. Und wer nach dem Flanieren hungrig ist, kann in letzteres auch einkehren und in historischen Gemäuern Kuchen futtern.

www.spsg.de/schloesser-gaerten/objekt/schloss-babelsberg

Tipp
Am schönsten knutscht es sich unter der Gerichtslaube.

Spreewood Distillers

Whiskey und leckere Liköre im Hofgarten genießen

Dahme-Spreewald
Dorfstraße 56, 15910 Schlepzig

In der Spreewood-Distillerie, die ihre Zelte im Spreewald aufgeschlagen hat, könnt ihr nicht nur leckeren Whiskey kaufen, sondern euch auch bei einem Tasting oder einer Führung tiefer in die Geheimnisse des flüssigen Golds einführen lassen.

Das Gelände ist, vor allem wenn es etwas wärmer ist, super, um einen ganzen Tag dort zu verbringen, denn im Café könnt ihr leckeren Fairtrade-Kaffee schlürfen und im Hofgarten mit frisch Gegrilltem den kleinen Hunger stillen. Neben Whiskey könnt ihr auch verschiedene Liköre probieren – unser Favorit ist Omas Apfelkuchen.

@storkclubryewhiskeys
www.stork-club-whiskey.com

AUSFLUG

Abkühlung

Hello summer, my old friend! Nachdem wir den monatelangen Winter überstanden haben, ist es für uns seit einiger Zeit immer der 1. Mai, der uns als „erster" Tag des Jahres im Gedächtnis bleibt, an dem wir endlich wieder im T-Shirt durch die Parks spazieren, uns zum Angrillen und natürlich auch Anbaden verabreden.

Weil das im Sommer aber die ganze Stadt vorhat, fühlt es sich an den bekannten Seen, wenn man Handtuch an Handtuch schwitzt, gar nicht so anders an als in der U-Bahn. So richtig entspannend ist das ja dann nicht. Gut, dass es auch ein paar Seen gibt, die nicht ganz so überfüllt sind, weil sie tendenziell etwas abgelegener liegen.

A–Z
1 Bernsteinsee
2 Briesensee
3 Flakensee
4 Gamensee
5 Helenesee
6 Motzener See
7 Scharmützelsee
8 Tonsee
9 Werbellinsee
10 Werlsee
11 Wurlsee

Bernsteinsee

Wakeboarding, lange Strandspaziergänge und kristallklares Wasser am Bernsteinsee genießen

Barnim
Bernsteinsee, 16348 Marienwerder

Die Badestelle am Bernsteinsee in Ruhlsdorf kostet zwar Eintritt, ist dafür aber auch schön gepflegt. Das hat den Vorteil, dass es sanitäre Anlagen gibt und du dort nicht verhungern musst, wenn du dein Notbrot zu Hause vergessen hast. Du findest in der Umgebung natürlich ebenfalls schöne Badestellen, die kostenlos sind.

Der Bernsteinsee liegt im Naturpark Barnim und ist gut mit dem ÖPNV zu erreichen. Alternativ kannst du das Badevergnügen mit einer schönen Fahrradtour zum See verknüpfen. Statt nur zu planschen oder dich in der Sonne zu räkeln, kannst du Beachvolleyball spielen oder nebenan im Kiessee Marienwerder Wakeboard fahren.

www.wake-and-camp.de

Briesensee

Am Sandstrand des Briesensees campen und Pommes futtern

Dahme-Spreewald
Briesensee, 15913 Neu Zauche

Zugegeben, der Briesensee ist ein bisschen weiter entfernt von Berlin, aber dafür kannst du dort auch direkt campen. Egal ob mit dem Zelt oder mit dem Bulli, du kannst dich quasi direkt an den Sandstrand stellen, morgens mit Blick aufs Wasser aufwachen, planschen und – das erinnert sicher alle an ihre Kindheit – im angenehm unhippen Strandcafé Pommes futtern und Flutschfinger schlecken. We like!

www.spreewaelder-seecamping.de

AUSFLUG

Flakensee

Karibikfeeling am Weißen Strand Flakensee

Oder-Spree
Flakensee, 15569 Woltersdorf

Schon die Anreise zum Flakensee ist wunderbar. Wir empfehlen ein Fahrrad mitzunehmen und die verbleibenden drei Kilometer vom Bahnhof Erkner bis zum Weißen Strand zu radeln. Dann genießt du schon mal die beste Seeaussicht entlang des Weges. Am Weißen Strand gibt es nicht nur Sand, sondern auch eine große Liegewiese, wo der Einstieg sehr leicht ist. Falls es dir gut gefällt und du gleich länger bleiben willst, befindet sich neben dem Weißen Strand ein Camping-platz. Und wenn du keine Lust auf Stullenschmieren hast, radel weiter nach Woltersdorf, dort gibt es ein paar nette Biergärten.

www.campingplatz-flakensee.de

Gamensee

Romantisch Boot fahren
auf dem Gamensee

Barnim
Gamensee, 16356 Werneuchen

Einer unserer Lieblingsseen ist der Gamensee nordöstlich von Berlin, der im Gefolge der letzten Eiszeit entstanden ist und an einen Schweizer Bergsee erinnert. Heute ist er umgeben von einem dichten Wald, wobei die schönste Badestelle am Hang eines Campingplatzes liegt. Schnapp dir ein Boot, deine*n Liebste*n und eine kalte Flasche Crémant und paddel romantisch in den Sonnenuntergang.

www.country-camping.de

Tipp

Den Gamensee haben wir bei unseren Freund*innen von *Take Me to the Lakes* entdeckt, die in ihrem gleichnamigen Buch 50 tolle Seen in Berlin und Brandenburg empfehlen.

AUSFLUG

Helenesee

Umringt von Kiefernwäldern am Helenesee planschen und übernachten

Oder-Spree
Helenesee, 15236 Frankfurt (Oder)

Kilometerweiter feiner Sandstrand – und das mitten in Brandenburg. Kein Wunder, dass der Helenesee, der aus dem früheren Braunkohletagebau entstand, unter der Hand als „die kleine Ostsee" gehandelt wird.

Der Helenesee hat aber nicht nur einen wunderschönen Sandstrand (mit Textil- und FKK-Bereichen) und mit das klarste Wasser Brandenburgs, sondern für alle, die nicht nur einen Nachmittag hier verbringen wollen, auch eine fabelhafte Campinganlage mit Stellplätzen für Busse, Bungalows und einem Mini-Markt. Für die Sportlichen gibt es Beachvolleyballfelder, Tennis- und Fußballplätze, also praktisch alles, was du für einen perfekten Sommerausflug brauchst.

www.helenesee.de

 Tipp
Hier findet jedes Jahr das tolle Helene Beach Festival statt.

288

Motzener See

Tretboot fahren auf dem Motzener See und grillen

Dahme-Spreewald

Motzener See, 15806 Kallinchen

Der Motzener See gilt als die Mutter der deutschen Freikörperkultur, hier geht man nämlich schon seit 1919 gern nackig baden. Nackig durchs Schilf zu stapfen macht aber auch einfach Spaß. Das ist jedoch nicht der einzige Vorzug, den dieser See hat. Er gehört zu den saubersten Seen Brandenburgs, hat verschiedene kleine Grillplätze entlang des Ufers und ein Boot kannst du vor Ort auch günstig mieten. Nimm also Familie und Freund*innen mit, packt euch eine große Lunchbox und genießt den Tag am See.

Tipp

Am Motzener See kannst du Tret- und Ruderboote schon für drei Euro die Stunde mieten.

AUSFLUG

Scharmützelsee

Dem Sonnenuntergang entgegensegeln

Oder-Spree

Scharmützelsee, 15864 Wendisch Rietz

Rund um das zwölf Quadratkilometer große Gewässer führen zahlreiche Einstiegstellen ins kühle Nass. Dabei ist vom historischen Seebad Bad Saarow mit Biergarten über kleine, versteckte Sandstrände wie dem Kleistpark und einer grünen und teilweise auch schattigen Badestelle wie dem Lustgarten bis hin zum großen Cecilienpark mit Minigolfanlage und Foodtruck alles vertreten. Eintritt kostet keiner dieser Orte, du musst nur noch hinfahren und losschwimmen. Und am besten bleibst du bis zum Sonnenuntergang, der ist nämlich wunderschön und, ja, auch ziemlich romantisch.

 Tipp

Du kannst hier auch wunderbar Tret-, Paddel- und Motorboot fahren.

Tonsee

Zwischen Kiefernwald und Sandstrand am Tonsee entspannen

Dahme-Spreewald
Tonsee, 15746 Groß Köris

Der Tonsee ist einer der schönsten Seen im Berliner Umland überhaupt, sodass sich selbst ein kurzer Tagesausflug dorthin schon lohnt. Wenn du die Idylle zwischen Kiefernwald und Sandstrand allerdings länger genießen willst, solltest du dein Zelt auf Dürings Campingplatz aufschlagen und am glasklaren Wasser entspannen. Durch die vielen Spiel- und Sportplätze kommt auch bei den Kleinsten keine Langeweile auf.

www.tonsee-düring.de

AUSFLUG

Werbellinsee

Im superklaren Werbellinsee planschen und direkt dort übernachten

Barnim
Werbellinsee, 16247 Joachimsthal

Direkt im Biosphärenschutzreservat liegt der glasklare Werbellinsee, in dem es sich fabelhaft planschen lässt. Wenn du dich lieber an Land bewegst, kannst du Beachvolleyball oder Tischtennis spielen oder dir eines der Räder leihen und die Umgebung erkunden. Außerdem gibt es auf dem Campingplatz eine Bar direkt am Wasser, da schmeckt der Drink gleich doppelt lecker.

www.berolina-camping.de

Werlsee

Vom Sandstrand los
auf die Liebesinsel schwimmen

Oder-Spree

Werlsee, 15537 Grünheide (Mark)

Der Werlsee ist ein echtes Prachtstück von See: Hier gibt es nicht nur klares Wasser und einen bezaubernden, feinen Sandstrand und jede Menge Schatten spendende Bäume, mitten im See versteckt sich auch die Liebesinsel. Wenn du ein*e gute*r Schwimmer*in bist – und nur dann! –, kannst du dich auf den Weg dorthin machen und den Tag genießen.

293

AUSFLUG

Wurlsee

Am wunderschönen Wurlsee den Sonnenuntergang betrachten und im Seehotel einkehren

Uckermark
Wurlsee, 17279 Lychen

Umringt von Schilf und riesigen Bäumen, befindet sich in Lychen der Wurlsee, wo du nicht nur toll baden, sondern auch einen unglaublich schönen Sonnenuntergang ansehen kannst. Am besten geht das natürlich vom Ruderboot aus (Motorboote sind hier nicht erlaubt), für Freund*innen des Festlandes bietet das Ufer aber einen fast genauso schönen Blick. Und wenn du mit Nachwuchs unterwegs bist, solltest du vielleicht mal beim Campingplatz Wurlsee haltmachen, da ist das Wasser nämlich besonders flach zum Reingehen.

www.wurlseecamping-lychen.de

 Tipp

Auf der Halbinsel im Wurlsee liegt das Seehotel Lindenhof, wo du nicht nur übernachten, sondern auch futtern und wellnessen kannst.

AUSFLUG

Allein sein

„All by myself, don't wanna be all by myself anymooore!" Wie viele Seriencharaktere haben eigentlich diesen Song schon beim Karaoke geträllert, zu diesem Song in der Badewanne geweint oder mit hundert Taschentüchern und einem riesigen Eisbecher auf der Couch gelegen? Wir wissen es nicht.

Und auch wenn wir diese Gefühle natürlich nachvollziehen können, gibt es Momente, in denen müssen wir einfach widersprechen. Denn manchmal finden wir es richtig genial, einfach nur allein zu sein. Allein sein kannst du nämlich nicht nur, indem du weinend auf der Couch rumhängst, sondern auch an den verschiedensten schönen Orten in der Natur.

A–Z

AUSFLUG

Altes Backhaus Haselberg

In Haselberg entspannen, saunieren und Kuchen wie bei Oma futtern

Märkisch-Oderland
Hauptstraße 38, 16269 Wriezen

Das Alte Backhaus ist wie gemacht für ausgelaugte Großstädter*innen, die Ruhe und Erholung in der Natur suchen. Das liegt nicht nur daran, dass das wunderschöne Haus direkt an den Wald angrenzt und wahnsinnig gemütlich ist, sondern auch daran, dass Stefan und seine Familie, denen das Haus gehört, selbst auch in Berlin wohnen und genau wissen, was wir für einen Aufenthalt im Grünen brauchen.

Die vier verschiedenen Wohnungen, die Gerda, Anton, Hans und Lotta heißen, sind wunderschön stilvoll eingerichtet, in der Küche gibt es eigentlich alles (sogar Backformen und eine Saftpresse) und im restaurierten Gewölbekeller befindet sich sogar eine neue Sauna zum Entspannen. Das Dorf ist wunderschön im Grünen gelegen und um die Ecke gibt es das Hofcafé, wo der Kuchen genauso lecker wie bei Oma schmeckt.

@backhaushaselberg
www.backhaus-haselberg.de

Beetz-Sommerfeld

Um den Beetzer See spazieren und im Hotel & Spa Sommerfeld einkehren

Oberhavel

Beetzer Straße 1a, 16766 Kremmen

In knapp einer Stunde kannst du dem Berliner Trubel entfliehen und am Beetzer See mitten in der Ruppiner Schweiz einfach abschalten. Am Bahnhof Beetz-Sommerfeld angekommen, dauert es etwa zehn bis 15 Minuten zu Fuß, bis du am See bist, begegnen wirst du auf dem Weg vermutlich niemandem, und dann kannst du rund drei Kilometer um den ruhigen, von Schilf umgebenen See spazieren, dem Rascheln des Laubes unter deinen Schritten lauschen und die vielen kleinen Buchten entdecken.

Den Wellnessfans empfehlen wir das nahe gelegene Hotel & Spa Sommerfeld, ein wirklich gemütliches Hotel, in dem die Zeit ein bisschen stehen geblieben ist – der perfekte Ort zum Erholen.

www.hotel-sommerfeld.de

AUSFLUG

Glindower Alpen

Besteige die Glindower Alpen bei Potsdam

Potsdam-Mittelmark
Glindower Alpen, 14542 Werder (Havel)

Brandenburg ist neben Mecklenburg-Vorpommern das wohl flachste Bundesland der Republik, aber ein paar Erhebungen gibt es hier trotzdem. Sympathisch größenwahnsinnig nennen die sich dann auch gleich Glindower Alpen. Die für Brandenburg untypischen „Berge", wild bewachsenen Schluchten und Täler entstanden durch den ehemaligen Tonabbau bei Glindow, der für die Herstellung von Ziegeln diente.

Heute steht das Gebiet unter Naturschutz und ist quasi sich selbst überlassen. Eine schöne, entspannte Route führt auf zwölf Kilometern durch die Alpen, zum Schloss Petzow und entlang des Glindower Sees zurück zum Ausgangspunkt.

Tipp

Im Herbst, wenn sich die Blätter der Bäume langsam bunt färben, ist es hier besonders schön.

Grumsiner Buchenwald

Genieße die Stille im Buchenwald Grumsin

Uckermark
Altkünkendorf, Angermünde

Es riecht nach feuchtem Moos und die Luft fühlt sich klar und frisch an – im Buchenwald Grumsin in der Uckermark kannst du sofort in den Zen-Modus umschalten. Rund um Altkünkendorf erwarten dich gleich vier Rundwanderwege, die gut mit farbigen Buchenblättern gekennzeichnet sind. Die Pfade führen dich durch einen unbewirtschafteten Urwald, über blühende Wiesen und vorbei an klaren Waldseen, die im Sommer mit ihren versteckten Badestellen zur Abkühlung und zu ausgedehnten Picknicks einladen. Auf deiner Route begegnest du nur selten anderen Ausflügler*innen, Störche und Rehe kannst du aber in der Ferne häufiger entdecken.

www.weltnaturerbe-grumsin.de

Tipp

In der warmen Jahreszeit von Mai bis Oktober solltest du unterwegs einen Pitstop in der Galerie & Atelier Luisenhof Nr. 2 einlegen. Hier kannst du Kunst gucken und leckeren hausgemachten Kuchen mampfen. Bevor es wieder nach Hause geht, schaust du auf dem Rückweg noch in der Familienimkerei Grumsiner Honig vorbei und kostest verschiedene Sorten Honig.

AUSFLUG

Gut Klostermühle

Umgeben von Wäldern in einem ehemaligen Gutshaus übernachten

Oder-Spree
Mühlenstraße 11, 15518 Briesen (Mark)

Das Gut Klostermühle, ein idyllisches Resort mit renommiertem Spa, liegt abgeschieden am Madlitzer See und ist umgeben von Wäldern. Da der See nur über die Hotelanlage erreichbar ist, hast du garantiert Ruhe, kannst die Abgeschiedenheit genießen und einen Spaziergang auf dem Waldweg rund um den See machen.

Im Sommer hast du die Möglichkeit, ein Boot zu mieten und damit über den See zu rudern. Abends kannst du in den drei Restaurants frische Produkte direkt aus dem See und dem Umland probieren und wirklich toll essen. Und wenn das Wetter mal wieder etwas schlechter ist, enstpannst du eben einfach im Spa mit Saunen und einer Ruhezone mit Kamin.

@gutklostermuehle
www.gut-klostermuehle.com

Japanischer Bonsaigarten

Im japanischen Bonsaigarten die Ruhe genießen und eine Schale Tee schlürfen

Potsdam-Mittelmark
Fercher Straße 61, 14548 Schwielowsee

Es ist einer der schönsten Gärten Brandenburgs, denn der Park mit all seinen Blüten, Gewässern und kleinen Teehäusern ist so wunderbar, dass es aussieht, als hätte Monet höchstpersönlich den Garten gemalt. Wenn du zur Ruhe kommen und mit der Natur im Einklang sein willst, solltest du in den Bonsaigarten fahren. Hier kannst du nicht nur gemütlich spazieren, im Pavillon des Gartens finden auch regelmäßig Meditationsabende statt. Und wie könntest du besser allein sein als beim Meditieren?

@japanischerbonsaigarten
www.bonsai-haus.de

Tipp
Wenn die Sonne untergeht, wird der Garten richtig magisch.

AUSFLUG

Kloster Chorin

In die Vergangenheit abtauchen im Kloster Chorin

Barnim
Amt Chorin 11a, 16230 Chorin

Mitten auf einer wunderschönen grünen Wiese steht das imposante backsteinerne Kloster Chorin. Der aus dem 13. Jahrhundert stammende gotische Bau zählt heute zu den schönsten Baudenkmälern Brandenburgs und ist immer eine Reise wert. Wenn du besondere Ruhe genießen willst, solltest du das Kloster zur „Stillen Stunde" besuchen, die regelmäßig stattfindet und während derer du in Stille und Schweigen die Klosterkirche und die Kreuzgänge entlanggehen kannst.

Neben alten Gemäuern kannst du hier aber auch jede Menge Kunst entdecken, denn im Abthaus gibt es wechselnde Ausstellungen zeitgenössischer Künstler*innen zu sehen. In den Kreuzgängen finden außerdem auch Konzerte statt, dann bist du zwar nicht mehr allein, aber die Akustik soll ziemlich großartig sein, und vielleicht kannst du ja auch so in die Klänge eintauchen, dass du die anderen Zuhörer*innen gar nicht bemerkst?

@klosterchorin
www.kloster-chorin.org

Tipp
Im Klostercafé gibt's leckeren Kuchen und Kaffee.

Märkische Schweiz

Durch das mystische Stobbertal in der Märkischen Schweiz wandern

Märkisch-Oderland
15377 Buckow (Märkische Schweiz)

Eine der schönsten Landschaften Brandenburgs findest du ganz im Osten in der Märkischen Schweiz. Das Gebiet ist eiszeitlich geprägt und überrascht vor allem durch einen artenreichen Mix aus wilden Märchenwäldern, grünen Mooren, kleinen Tälern und vereinzelten Erhebungen von bis zu 158 Metern. Eine tolle, abwechslungsreiche Wanderung führt auf 15 Kilometern durch das Stobbertal – vorbei an jeder Menge pelziger Freunde wie Galloway-Rindern, Schafen und Pferden. Die Route ist gut ausgeschildert, du musst einfach dem Zeichen des Natura Trails folgen.

AUSFLUG

Nationalpark Unteres Odertal

Im Nationalpark allein durchs Dickicht stapfen und die Natur genießen

Uckermark
Park 2, 16303 Schwedt (Oder)

Dass sich ganz in der Nähe von Berlin ein Nationalpark mit vielen seltenen Pflanzen- und Tierarten befindet, wissen anscheinend die wenigsten. Anders können wir uns nämlich nicht erklären, wieso dieses wunderschöne Stück Land nicht von mehr Leuten besucht wird.

Fast ungestört kannst du hier durchs Dickicht stapfen, Kanu fahren oder von den verschiedenen Aussichtstürmen aus Vögel beobachten. Die Landschaft bietet eigentlich alles: Gewässer, Sümpfe und Moore, Wälder und Grünland. Hier kannst du im Einklang mit der Natur entspannen, und der einzige, der dich dabei stört, ist vielleicht ein Biber, der durch den Fluss schwimmt.

www.nationalpark-unteres-odertal.eu

AUSFLUG

Schloss Reichenow

In Reichenow um Seen schlendern und im Schloss einkehren

Märkisch-Oderland
Neue Dorfstraße 1, 15345 Reichenow-Möglin

Rund eine Stunde entfernt befindet sich östlich von Berlin die hübsche Gegend um Reichenow, dessen Mittelpunkt das gleichnamige Romantikhotel ausmacht. Von dort aus kannst du fabelhaft um die vielen kleinen Seen spazieren, die kühle Luft und die angenehme – für Großstädter*innen fast schon beängstigende – Stille genießen.

Im Sommer kann man hier im Langen See fabelhaft planschen oder einfach nur auf einer der ufernahen Holzbänke entspannen. Im Winter lohnt es sich auf jeden Fall im Schloss Reichenow einzukehren, das Restaurant wurde nämlich wiederholt von Gault & Millau ausgezeichnet.

hotelschlossreichenow
www.schlossreichenow.com

Wasserstadt Lychen

Die Wasserstadt Lychen entdecken

Uckermark

Stargarder Straße 6, 17279 Lychen

Inmitten des Naturparks Uckermärkische Seen liegt das kleine Städt-
chen Lychen, das von allen Seiten von Wasser umgeben ist. Bei all
dem Wasserreichtum wundert es nicht, dass Lychen den Beinamen
„Flößerstadt" trägt. Im Flößereimuseum kannst du dich über die
Geschichte der Stadt informieren. Falls du keine Lust auf Geschichte
hast, solltest du dich einfach durch die Stadt treiben lassen, mit einem
Boot über die verschiedenen Seen schippern oder entlang der Uferpro-
menade spazieren.

www.tourismus-lychen.de

AUSFLUG

Denken wir an Abenteuer, erinnern wir uns an ferne Reisen, große Klippen, tiefe Schluchten, verwunschene Urwälder und Wildwasserrafting. So weit muss man aber gar nicht reisen, um Abenteuer zu erleben – sie liegen ein bisschen versteckt nämlich direkt im Berliner Umland.

Auf Pferden durch die ewigen Weiten galoppieren? Kein Problem. Mit dem Kanu durch riesige Seengebiete und Urwälder paddeln? Easy. Kapitän*in auf dem eigenen Hausboot sein, mit dem Heißluftballon über allem thronen oder an einem Felsen klettern, der sogar älter ist als die Alpen? Gemeinsam mit unseren Kolleg*innen vom Reisevergnügen haben wir das Berliner Umland ausgecheckt und entdeckt, wie viele Möglichkeiten es gibt, um den Adrenalinhaushalt ein bisschen aus dem Gleichgewicht zu bringen.

A–Z

AUSFLUG

Ballonreisen Schäfer

Den Ausblick über Brandenburg auf einer kleinen Ballonreise genießen

Potsdam-Mittelmark
Treuenbrietzener Straße 31, 14547 Beelitz

Heißluftballonfahrten sind das Romantischste der Welt. Allein die Tatsache, dass abgesehen von dem*der Pilot*in eigentlich meistens nur noch zwei weitere Personen in das Körbchen passen, bringt einen dazu zu schmusen, gemeinsam in die Ferne zu blicken und einfach den Augenblick zu genießen.

In Beelitz könnt ihr so eine Fahrt bei Ballonreisen Schäfer buchen und den Ausblick über Brandenburg und die Grenzen Berlins hinweg genießen. Wir wissen zwar nicht genau, warum es Heißluftballonfahrt und nicht -flug heißt, das macht es aber zum Glück nicht weniger aufregend.

www.ballonreise.de

Kindheitsträume wahr werden lassen und im Baumhaus übernachten

Uckermark
Gut Gollin 1, 17268 Templin

Baumhäuser zu bauen gehört zu unserer Kindheit wie die heißen Kirschen zum Vanilleeis. Und vielleicht sind wir vom Baumhaushotel in der Uckermark deshalb so begeistert, weil das Übernachten in einem Baumhaus so schöne Kindheitserinnerungen hervorruft.

Vielleicht liegt es aber auch an der angenehmen Ruhe, die dort zwischen Wäldern und Wiesen im Biosphärenreservat herrscht, dass wir einen Besuch allen empfehlen können, die wirklich Ruhe brauchen. Es gibt insgesamt vier verschiedene Baumhäuser, die Platz für bis zu vier Personen bieten und alle individuell gestaltet sind. Das vielleicht Beste an jedem Baumhaus: die Veranda, auf der du mit Blick in die Natur frühstücken kannst.

@baumhaushotel_uckermark
www.baumhaushotel-uckermark.de

Die Bootschaft

Mit dem Hausboot die Havel hinaufschippern

Oberhavel

Ziegelei 5, 16792 Zehdenick

Wie wär's mal mit einem Urlaub auf dem Wasser? Den ganzen Tag langsam übers Wasser zu schippern, am Abend mit einem leichten Wogen einzuschlafen und morgens mit Blick aufs Wasser aufzuwachen ist gleichermaßen aufregend und entspannend – denn beim Hausbooturlaub gilt: Der Weg ist das Ziel. Richtig schön ist ein Urlaub auf dem Hausboot im Norden Brandenburgs im Ruppiner Seenland rund um die Havel, denn hier gibt es zahlreiche Flussarme und Seen, die entdeckt werden wollen. Hübsche und moderne Hausboote mit Sonnendeck bekommst du bei der Charterfirma Die Bootschaft in Zehdenick.

@diebootschaft

www.die-bootschaft.de

 Tipp

Wenn du noch nie mit einem Hausboot gefahren bist, dann empfiehlt sich ein Skippertraining vorab. Das kannst du direkt mit dem Hausboot buchen.

F60 Arbeitsmaschine

In schwindelerregender Höhe über die Lausitz schauen

Elbe-Elster

Bergheider Straße 4, 03238 Lichterfeld-Schacksdorf

Mitten in der Lausitz türmt sich ein Stahlkoloss aus der flachen Ebene auf: Die F60 ist die größte Arbeitsmaschine der Welt – ganze 502 Meter lang, 240 Meter breit und 80 Meter hoch. Kurz nach der Wende hat sie zu den Hochzeiten des Braunkohlebergbaus an dieser Stelle den Abraum über den Kohlevorkommen entfernt. Die „60" steht dafür, dass sie 60 Meter Abraum entfernen konnte – das ganze Gebiet lag also mal 60 Meter höher. Bei einer Tour über das Gelände und auf die Maschine hinauf kannst du dieses Biest besichtigen, dir den Wind durchs Haar wehen lassen und die Aussicht über den Bergheider See genießen.

www.f60.de

Tipp

Nimm deine Badesachen mit, denn im Sommer kannst du direkt in den Bergheider See springen.

Gut Sarnow Pferdehof

Auf dem Rücken eines Pferdes Brandenburg erkunden

Barnim
Eichhorster Chaussee 5, 16244 Schorfheide

Das malerische Gut Sarnow mit eigener Reitanlage liegt am Eingang des wunderschönen Biosphärenreservates Schorfheide-Chorin und lädt zu langen Ausritten über weite Felder und durch immergrüne Wälder ein. Wenn du schon immer mal hoch zu Ross sitzen wolltest, lässt du dich von Pferdetrainerin Yvonne Kienast in aller Ruhe in die Welt des Reitens einführen.

Wer im Anschluss zu müde ist, um wieder nach Hause zu fahren, kann den Besuch zu einem Kurzurlaub ausdehnen und sich auf dem Gutshof einbuchen. Dank der guten Landluft kannst du hier nachts bei offenem Fenster schlafen und dich am frühen Morgen von dem Gezwitscher der Vögel wecken lassen.

@gutsarnow
www.gut-sarnow.com

 Tipp

In den Sommermonaten ist es hier besonders schön und die nahe gelegenen Seen laden zum Baden ein.

Kletterwald Grünheide

Die Baumwipfel im
Kletterwald Grünheide erklimmen

Oder-Spree
Friedrich-Engels-Straße 14, 15537 Grünheide (Mark)

Ab und zu mal die Perspektive zu wechseln, ist immer eine gute Idee. Wenn du wissen willst, wie sich Eichhörnchen und Vögel in luftigen Höhen fühlen, solltest du in den weiten Baumkronen klettern gehen. Im Kletterwald Grünheide im Brandenburger Seenland Oder-Spree kannst du dich auf sechs Kletterparcours in bis zu acht Metern Höhe auf insgesamt 1.000 Metern Strecke von Baum zu Baum hangeln und dein Gleichgewicht testen. Hier bekommst du echtes Dschungelfeeling, denn die natürlichen Strukturen der Kletterstationen gehen unauffällig in das dichte Gehölz des Waldes über.

@kletterwald_gruenheide

www.kletterwald-gruenheide.de

Tipp

Wenn sich die Blätter im Herbst bunt färben, kannst du den berühmten Indian Summer mal ganz anders erleben.

AUSFLUG

Magix Wakeboarding

Tobe dich beim Wakeboarden aus

Potsdam
Templiner Straße 100, 14473 Potsdam

In Brandenburg ist der nächste See nie weit und ungefähr genauso verhält es sich auch mit Wasserski- und Wakeboardanlagen. Wenn du deinen Adrenalinspiegel bei dem actionreichen Wassersport hochtreiben willst, empfehlen wir dir die Anlage in Potsdam am Templiner See. Hier kannst du dich als Anfänger*in entweder an der Anlage üben oder du machst es wie die Profis und lässt dich von einem Boot über den idyllischen Templiner See ziehen.

@magixwakeboarding
www.magix-wakeboarding.de

Tipp

Das Team von Magix Wakeboarding bietet auch mehrtägige Camps an, bei denen du deine Skills auf dem Board verbessern kannst.

Müritz-Nationalpark

Paddeln, Vögel beobachten und die Stille genießen im Müritz-Nationalpark

Mecklenburgische Seenplatte
Dalmsdorf 5c, 17237 Kratzeburg

Die malerischen Seen im Müritz-Nationalpark, auf denen keine motorisierten Boote fahren dürfen, sind alle durch kleine, wunderschöne Kanäle mit der Havel verbunden, die mehr nach Urwald als nach Mecklenburg-Vorpommern aussehen. Nicht umsonst wird das Gebiet auch Havelurwald genannt.

Das dünn besiedelte Quellgebiet zeichnet sich durch die vielen Wiesen, Felder, urwüchsigen Sträucher und sumpfigen Wälder aus und beheimatet über 250 Vogelarten. Wer die Natur richtig einsaugen will, hält mit dem Kanu immer mal wieder an, genießt die Stille und versucht, einen Adler oder Kranich zu sichten. Boote könnt ihr im Kanuverleih von Ingo Hecht ausleihen, der ein guter Ausgangspunkt für eine Tagestour ist. Ingo Hecht kennt sich gut in dem Gebiet aus und erklärt ausführlich, welche Routen du nehmen kannst und wie viel Zeit du dafür brauchst.

www.kanu-hecht.de

AUSFLUG

Rancho Cascada

Eine entspannte Alpakawanderung machen

Märkisch-Oderland
Am Fließ, 15345 Altlandsberg

Was ist schöner als eine Wanderung? Eine Wanderung mit Alpakas! Alpakas sehen nicht nur wahnsinnig süß und entspannt aus, sie sind es auch. Deshalb werden sie mittlerweile immer häufiger als Wandergefährten eingesetzt und für die tiergestützte Therapie genutzt: Dabei werden psychische, physische und neurologische Erkrankungen durch die beruhigende Wirkung von Tieren behandelt. Denn vor allem freundliche Tiere wie Hunde, Schweine, Lamas und auch Alpakas haben positive Auswirkungen auf Menschen. Eine Alpakawanderung hat also eine doppelt beruhigende Wirkung, denn wer fühlt sich an der frischen Luft nicht sowieso schon viel besser?

www.alpakahof-neuenhagen.com

Tipp

Alpakas sind zwar neugierige, aber auch scheue Tiere, die sich erst an neue Weggefährt*innen gewöhnen müssen. Warte also mit den ersten Kuschelattacken.

Rothsteiner Felsen

Klettern an Brandenburgs einzigem natürlichen Felsen

Elbe-Elster

Rothsteiner Felsen, 04924 Uebigau-Wahrenbrück

Wer in Brandenburg klettern und bouldern will, hat zwar viele Optionen, aber die befinden sich alle in und um ausgewiesene Kletterhallen. Aber wer suchet, der findet, und zwar bei Bad Liebenwerda. In Rothstein befindet sich nämlich der Rothsteiner Felsen, der einzige natürliche Felsen in Brandenburg. Zehn Meter hoch ist der Klotz, der natürlich schon von findigen Outdoor-Enthusiast*innen in Beschlag genommen wurde. Auf 30 Kletterrouten und sieben Boulderrouten in den Schwierigkeitsstufen 4 bis 8 kannst du dich hier probieren.

www.reiseland-brandenburg.de/
poi/elbe-elster-land/aktiverlebnisse/rothsteiner-felsen

Tipp
Bouldere und klettere niemals ohne Absicherung. Heißt: Nimm dir unbedingt Sicherungsgeräte und eine Matratze mit, die dich im Falle eines Sturzes weich auffängt.

AUSFLUG

Schwielowsee

Auf dem SUP dem Sonnenuntergang entgegenpaddeln

Potsdam-Mittelmark
Frecher Straße 60, 14542 Werder (Havel)

Brandenburg lässt sich auch wunderbar vom Wasser aus erkunden – und zwar beim Stand-up-Paddling. Wenn du kein eigenes SUP-Board besitzt, leihst du dir einfach eins bei unseren Freund*innen von Kolula SUP. An mehreren Orten in Berlin und Brandenburg gibt es kontaktlose Stationen, an denen du das komplette Equipment findest. Mit Blick auf das begrünte Ufer paddelst du gemütlich über den glasklaren Glindower See oder zwischen Templiner See und Schwielowsee hin und her.

Weil wir wissen, wie viel Spaß eine Tour mit dem SUP-Board macht, empfehlen wir dir, gleich eine Tagesetappe einzuplanen und die idyllische Insel Werder anzusteuern. Unter dem dichten Blattwerk kannst du eine kleine Rast einlegen, bevor du deinen Armmuskeln den Rest gibst und dem Sonnenuntergang entgegenpaddelst.

@kolula.sup
www.kolula.com

Tipp

Richtig abenteuerlich wird es, wenn du dir an sonnigen, aber kühlen Frühlingstagen dazu einen Trockenanzug ausleihst und die absolute Ruhe auf dem See genießt.

WELT

ODCAST

KÖLN'

München

ERMARKT

Index Berlin

Index Berliner Umland

Credits

FOTOGRAFIE   A → Z

Philipp Obkircher Michelberger Hotel & Restaurant (rechts), 136
Ragnar Schmuck (Ausstellung: 1, 2, 3, Kultummel) Labyrinth Kindermuseum, 181
Re:hof Rutenberg Re:hof Rutenberg, 264
Rebecca Crawford Kentholz, 105
René Riis Tulus Lotrek (links unten), 48
Resort Mark Brandenburg Fontane Therme, 258–259
Robin Kirchner / Piffl Medien Freiluftkino Rehberge, 163
S. Schweizer Bohnengold, 192
Sebastian Rosenberg Bar Zum Schmutzigen Hobby, 190
Silvia Pollex Re:hof Rutenberg, 264
Simone Rosenberg Elisabeth am See, 257
Sometimes Coloured Sometimes Coloured, 123
Sophia Derda Filmrauschpalast, 151
Spreewood Distillers Spreewood Distillers, 281
STADT UND LAND Museumswohnung Hellersdorf, 155
Steffen Lehmann Baumhaushotel Uckermark, 313
Stereoki Stereoki, 82
Süss War Gestern Süss War Gestern, 198–199
Tatas Berlin Tatas Berlin, 34–35
The Gentle Temper Bernsteinsee, 284; Flakensee, 286; Gamensee, 287; Kletterwald Grünheide, 317; Plötzensee, 226; Tonsee, 291; Werlsee, 293
Theresa Lange Wellenwerk (rechts), 142
Thomas Abe Gut Klostermühle, 302
Tourismusverein Scharmützelsee e.V., www.scharmuetzelsee.de Scharmützelsee, 290
Ute Langkafel MAIFOTO Maxim Gorki Theater (links unten), 182
UVR Connected UVR Connected, 234
Uwe Langmann Japanischer Bonsaigarten, 303
Vabali Spa Berlin Vabali, 141
Veist Veist, 124
Wiebke Jann 21 Gramm, 10; Acud, 239; Adidas Playground (oben links), 146; Altes Backhaus Haselberg, 298; Backstagetourism Kajakstation (links), 160; Bäreneck, 191; Barettino, 250; Basic Berlin, 102; Beelitzer Baumkronenpfad, 271; Berlin Burger International, 24; Bethanien, 147; Boulderklub Kreuzberg, 177; Briesensee, 285; Chairs, 238; Clärchens Ballhaus, 57; Con Tho, 243; Dear Goods, 88; Drachenberg, 224; Dreiländereck, 161; Dschungel, 251; Element Five, 66; Erratum, 242; Folkdays, 89; Freya

Fuchs, 194; Friedhof Weißensee, 152–153; Frühstück 3000, 13; Golden, 103; Goldhahn und Sampson, 134; Grunewaldturm, 164; Gut Wendgräben (rechts), 260; Hallenflohmarkt, 179; Han West, 29; Hasenheide, 243; Hauptbahnhof, 165; Helmholtzplatz, 246; Homage Store, 90; Höschen, 247; Jasper's, 239; Jolesch, 59; Kadó, 242; Karpfenteich, 224; Kater Blau, 206; Kauf Dich Glücklich, 75; Knödelwirtschaft, 60; Konk, 92; Kopps, 67; Ku'damm, 225; La Käserie, 246; Landschaftspark Rudow-Altglienicke, 166–167; Le Bon, 15; Lerchen & Eulen, 218; Lia's Kitchen, 68; Loretta, 119; Lovely Day, 76; Melting Point Record Store, 238; Minibar, 243; Möbel Olfe, 219; Möllers Köttbullar, 31; Mom's Creation, 68; Mont Raw, 44; Mugrabi, 16; Museumsinsel, 225; Nandi, 246; Naturpark Westhavelland, 262; Neu Zwei, 250; Nobelhart & Schmutzig, 45; Ocelot, 78; Oye Records, 250; Paloma Bar (links), 197; Pfaueninsel, 168; Plänterwald, 225; Pony Hütchen, 108–109; Regierungsviertel, 226; Richard-Wagner-Platz, 169; Salt'n Bone, 247; Schepperheyn, 79; Schleusenufer, 226; Schloss Reichenow, 308; Soto, 81; Standard Saubere Sachen, 95; Supalife Kiosk, 247; Tante Lisbeth, 184; Teufelsberg, 140; The Botanical Room, 83; The Good Store, 251; The Tree, 239; Tiger Club, 69; Titelbild Frisch verliebt, 254; Titelbild Hipsterschminke, 72; Titelbild Kostenlos, 144; Titelbild Style und kein Geld, 114; Titelbild Umweltbewusst, 86; Trude, Ruth & Goldammer, 200; Türkenmarkt, 250; Two and Two, 250; Urbanhafen, 243; UY Studio, 98; Victoria met Albert, 246; Vintage Galore, 112; Vintage Revivals, 126–127; Vintage Vélo, 84–85; Weichselplatz, 250; Weinbergspark, 239; Wertvoll, 99; Weserstraße, 227; Wolf Kino, 185; Yonkel Ork, 247
works berlin® Titelbild Stil, 70-71; Works Berlin, 113
Yves Sucksdorff Brasserie Colette, 52

Vertreten über die VG Bildkunst:
Kindl Brauerei – Zentrum für zeitgenössische Kunst 180
oben: KINDL – Zentrum für zeitgenössische Kunst, Foto: Daniel Bokor, 2017, links: Foto: Jens Ziehe, 2018, © Kathrin Sonntag, rechts: Foto: Jens Ziehe, 2018, © Thomas Scheibitz / VG BILD-KUNST, Bonn, 2018

_

Vielen Dank an alle Fotograf*innen, die ihre Bilder für dieses Projekt zur Verfügung gestellt haben.

Berlin für alle Lebenslagen

Berlin Mit Vergnügen

Wir hoffen, du hast hier das Richtige für einen wunderschönen Tag und eine aufregende Nacht in Berlin oder das perfekte Ausflugziel für dich und deine Liebsten gefunden.

Seit 2010 empfehlen wir auf www.mitvergnuegen.com jeden Tag schöne Cafés, coole Partys und tolle Ausflugsorte. Wir schreiben eigensinnige und humorvolle Texte über Berlin und das Leben und verraten dir unsere Lieblingsspots. Wenn dir Berlin oder das Berliner Umland gerade nicht weit genug sind, solltest du unbedingt mal unsere Geschwister in Hamburg, Köln oder München besuchen, die haben nämlich, genauso wie wir, wunderbare Tipps für alle Lebenslagen.

Und wenn es dich doch mal wieder etwas weiter weg verschlägt, solltest du unsere kleine Schwester, das Reisevergnügen, kennenlernen, dort gibt es die besten Tipps für deine nächste Reise in Europa. Wenn du uns nicht nur im Internet oder mit diesem Buch in deinem Wohnzimmer treffen möchtest, komm in unseren Klub und werde Teil der vergnügtesten Community der Stadt.

Wir freuen uns, dass uns bei diesem Buch die tollen Menschen von The Gentle Temper, Karo und Nils, unterstützt haben. Bei ihnen findest du garantiert die besten Bücher für deinen nächsten Ausflug. Danke Karo, danke Nils. Danke auch an dich.

Lass uns Freund*innen bleiben!
Deine vergnügte Gang

Impressum

Zirkusdirektion
Matze Hielscher, Pierre Türkowsky

Idee
Mit Vergnügen

Chefredaktion
Matze Hielscher

Projektmanagement
Wiebke Jann

Redaktion
Daliah Hoffmann-Konieczka & Wiebke Jann,
Redaktion Mit Vergnügen

Creative Direction, Design
Karolina Rosina-Meisen

Korrektorat
Cyra Pfennings & Johannes Schmid,
www.inotherwords.xyz

Coverbild
Wiebke Jann, Treptower Park

Illustration
Anna Rupprecht, 324–325

Schriftarten
Freight, Garage Fonts
Monument Grotesk, Dinamo

Kontakt
Mit Vergnügen GmbH
Strelitzer Straße 61
10115 Berlin
www.mitvergnuegen.com
⊙ mitvergnuegen
kontakt@mitvergnuegen.com

Vertrieb
The Gentle Temper
business@thegentletemper.com
+49 30 39 82 04 66

Druck
Europrint Medien GmbH, Berlin

Produktionsbegleitung
The Gentle Temper

Berlin Mit Vergnügen
ISBN 978-3-947747-17-7
3. Auflage, Mai 2022
Made in Berlin

Erschienen im
The Gentle Temper Verlag
The Gentle Temper GmbH & Co. KG
Alte Schönhauser Straße 35, 10119 Berlin
www.thegentletemper.com
⊚ thegentletemper

Dieses Buch wurde von The Gentle Temper gestaltet, herausgegeben und gemeinsam mit Mit Vergnügen konzipiert.

Die Redaktion hat alle Informationen in diesem Guide nach bestem Wissen und Gewissen erstellt. Trotz einer sorgfältigen Prüfung durch Redaktion und Verlag sind inhaltliche und sachliche Fehler nicht vollständig auszuschließen. Für die absolute Richtigkeit und Vollständigkeit der Informationen übernimmt der Verlag keine Garantie. Der Verlag und die Redaktion übernehmen keinerlei Verantwortung und Haftung für inhaltliche und sachliche Fehler.

Für Kritik, Verbesserungsvorschläge oder sonstige Anmerkungen kannst du dich unter kontakt@mitvergnuegen.com an die Redaktion oder unter mv@thegentletemper.com an den Verlag wenden.

Bucket
List

**11 DINGE, DIE DU IN BERLIN
EINMAL ERLEBT HABEN MUSST**

- ☐ Falafel für zwei Euro gegessen.
- ☐ Einmal von einem*r Berliner Türsteher*in abgewiesen worden.
- ☐ Auf der Admiralbrücke ein Feierabendbier getrunken.
- ☐ Auf dem Tempelhofer Feld gegrillt.
- ☐ Im Görli Gras gekauft.
- ☐ Auf der Thaiwiese gefuttert.
- ☐ Beim Karneval der Kulturen dem Kater-Blau-Wagen gefolgt.
- ☐ In der Ringbahn nach dem Feiern eingepennt.
- ☐ Einmal Lars Eidinger irgendwo gesehen.
- ☐ Über Verspätung bei den Öffis aufgeregt.
- ☐ Auf einem illegalen Rave gewesen.

Mit
Vergnügen